BESTACTIVITYBOOKS.COM

PRIMERA EDICIÓN - 2022

Ilustración Gráfica Extra: www.freepik.com
Gracias a Alekksall, Starline, Pch.vector, Rawpixel.com, Vectorpocket, Dgim-studio, Upklyak, Macrovector, Stockgiu, Pikisuperstar & Freepik.com Designers

5 CONSEJOS PARA EMPEZAR

1) CÓMO RESOLVER LAS SOPA DE LETRAS

Los rompecabezas tienen un formato clásico:

- Las palabras se ocultan sin espacios ni guiones,...
- Orientación: Las palabras pueden escribirse hacia delante, hacia atrás, hacia arriba, hacia abajo o en diagonal (pueden estar invertidas).
- Las palabras pueden superponerse o cruzarse.

2) APRENDIZAJE ACTIVO

Junto a cada palabra hay un espacio para anotar la traducción. Para fomentar un aprendizaje activo, un **DICCIONARIO** al final de esta edición te permitirá comprobar y ampliar tus conocimientos. Busca y anota las traducciones, encuéntralas en el puzzle y añádelas a tu vocabulario!

3) MARCAR LAS PALABRAS

Puedes inventar tu propio sistema de marcado. ¿Quizás ya usas uno? También puedes, por ejemplo, marcar las palabras difíciles de encontrar con una cruz, las que te gustan con una estrella, las nuevas con un triángulo, las raras con un diamante, etc.

4) ESTRUCTURAR EL APRENDIZAJE

Esta edición ofrece un **CUADERNO DE NOTAS** muy práctico al final del libro. En vacaciones, de viaje o en casa, podrás organizar fácilmente tus nuevos conocimientos sin necesidad de un segundo cuaderno!

5) ¿HABÉIS TERMINADO TODAS LAS PARRILLAS?

En las últimas páginas de este libro, en la sección **DESAFÍO FINAL**, encontrarás un juego gratis!

¡Rápido y sencillo! Echa un vistazo a nuestra colección de libros de actividades para tu próximo momento de diversión y aprendizaje, ¡a sólo un clic de distancia!

Encuentre su próximo reto en:

BestActivityBooks.com/MiProximoLibro

En sus marcas, listos, ¡Ya!

¿Sabías que hay unas 7.000 lenguas diferentes en el mundo? Las palabras son preciosas.

Nos encantan los idiomas y hemos trabajado duro para crear libros de la más alta calidad para tí. ¿Nuestros ingredientes?

Una selección de temas adecuados para el aprendizaje, tres buenas porciones de entretenimiento, y luego añadimos una cucharada de palabras difíciles y una pizca de palabras raras. Los servimos con cariño y máxima diversión para que puedas resolver los mejores juegos de palabras y te diviertas aprendiendo!

Tu opinión es esencial. Puedes participar activamente en el éxito de este libro dejándonos un comentario. Nos encantaría saber qué es lo que más le ha gustado de esta edición.

Aquí hay un enlace rápido a tu página de pedidos:

BestBooksActivity.com/Opiniones50

Gracias por tu ayuda y diviértete!

Todo el equipo

1 - Arqueología

О	Ю	Р	Є	Л	Ф	В	Х	Я	П	Ф	Ц	Ш	А	Ц	М
Б	Ю	Д	И	Р	Я	Ц	И	Н	М	Є	А	Т	Д	И	Ц
Є	Ч	М	Т	Б	В	С	А	К	Д	А	Щ	А	Н	В	К
К	Д	Г	А	К	Н	І	Ц	О	О	Ґ	И	Х	А	І	Ц
Т	И	Х	Н	Р	Ш	Щ	Ь	И	Ґ	П	Т	І	М	Л	О
Р	С	Ш	А	Б	Х	І	К	М	Е	И	Н	О	О	І	Ґ
Е	Я	А	Л	И	Г	О	М	Ф	Є	О	Е	И	К	З	Є
П	У	В	І	К	О	Р	Е	Р	А	Л	М	З	Й	А	Л
С	Ц	Н	З	Ж	Р	Ш	Ч	Ґ	И	Ч	Г	А	И	Ц	Щ
К	Ч	У	С	С	Д	Е	А	Ч	К	Л	А	Б	М	І	Ш
Е	Ц	М	Х	Ґ	Р	Ф	Л	Ґ	Ф	Ю	Р	У	О	Я	О
П	Р	О	Ф	Е	С	О	Р	І	Т	Ю	Ф	Т	Д	Т	І
Д	О	С	Л	І	Д	Н	И	К	К	Г	А	И	І	Х	У
К	І	С	Т	К	И	Ц	Х	О	Ц	В	А	Й	В	Г	А
Х	Г	Ф	Я	К	Я	Е	Ч	І	Б	Ф	І	В	Е	С	Р
Є	Ч	С	Ч	Н	Ш	І	Р	Ь	Ф	Ц	В	Я	Н	Я	Ф

АНАЛІЗ
РОКІВ
ЦИВІЛІЗАЦІЯ
НАЩАДКА
НЕВІДОМИЙ
КОМАНДА
ЕРА
ОЦІНКА
ЕКСПЕРТ
ВИКОПНИЙ
ФРАГМЕНТИ
КІСТКИ
ДОСЛІДНИК
ТАЄМНИЦЯ
ОБ'ЄКТ
ЗАБУТИЙ
ПРОФЕСОР
РЕЛІКВІЯ
ХРАМ
МОГИЛА

2 - Granja #2

Я	Н	Н	Е	Ш	О	Р	З	И	Ц	К	У	Л	В	Я	Т
У	Г	Д	Я	Л	Х	Г	С	П	Ш	Е	Н	И	Ц	Я	В
Д	Ь	Н	І	М	Ч	Я	Т	В	І	В	Ц	Я	С	О	А
Л	Ь	А	Я	О	С	Ґ	Е	Д	Щ	К	Ф	У	Ф	В	Р
М	О	Л	О	К	О	Щ	В	Д	Г	Т	П	Ц	Р	О	И
К	У	К	У	Р	У	Д	З	А	К	Ч	А	К	У	Ч	Н
И	К	М	А	П	П	Я	С	У	Ф	П	К	Ш	К	Д	Г
Л	Ц	Х	Л	Р	Є	Ш	А	М	И	Ґ	У	Н	Т	М	К
У	Ф	Д	У	О	І	Г	Л	Р	Л	Ь	Ч	Ц	О	Ґ	Х
В	Е	О	Ю	Т	Л	Ї	Ц	Ґ	Т	У	И	О	В	Ф	Ш
Б	Р	Ф	К	К	С	Ж	Г	И	Л	Ю	Г	Ф	И	Р	Д
Ґ	М	Е	В	А	М	А	Л	Е	Д	Я	Я	Ь	Й	У	Е
Ш	Е	Щ	Л	Р	Ж	А	П	Р	В	А	Ь	Б	С	К	Щ
М	Р	К	Р	Т	Я	А	Ф	Ц	У	В	Ж	Ґ	А	Т	Ш
П	Ф	И	В	С	Е	Ю	Д	Р	Ч	Щ	Х	Ш	Д	И	У
С	А	Р	А	Й	К	Х	Ю	І	Ґ	Ь	Ч	В	Ш	Х	Б

ФЕРМЕР
ТВАРИН
ЯЧМІНЬ
ВУЛИК
ЇЖА
ЯГНЯ
ФРУКТ
САРАЙ
ФРУКТОВИЙ САД
МОЛОКО
ЛАМА
КУКУРУДЗА
ВІВЦЯ
ПАСТУХ
КАЧКА
ЛУГ
ЗРОШЕННЯ
ТРАКТОР
ПШЕНИЦЯ
ОВОЧ

3 - La Empresa

Т	К	Д	Я	Є	Я	Д	Я	К	І	С	Т	Ь	З	Р	Б
Р	В	І	П	А	Ф	Л	О	У	В	Ш	Ш	М	А	И	І
П	І	О	К	У	К	Р	Ш	Х	Е	Ь	И	Ю	Й	З	З
Р	Ф	Ш	Р	Т	О	П	Ш	Д	І	Ф	Ц	І	Н	И	Н
Е	П	Ц	Е	Ч	Й	Ф	К	Я	Т	Д	А	Н	Я	К	Е
З	Р	Ц	Г	Н	И	С	Р	У	С	Е	Р	Н	Т	И	С
Е	О	М	Л	Ї	Н	Й	Я	П	О	О	Ь	О	І	Ю	У
Н	Г	О	О	І	Й	Я	Ї	Р	В	Д	Ш	В	С	Я	У
Т	Р	Ж	Б	Ц	І	Ф	І	О	О	И	Л	А	Т	Х	Ь
А	Е	Л	А	И	С	Є	Ц	Д	Л	Н	К	Ц	Ь	Ж	Б
Ц	С	И	Л	Т	Е	Ю	Н	У	С	И	Ц	І	Л	Р	Е
І	Ь	В	Ь	С	Ф	Ч	Е	К	И	Ц	Р	Й	Ґ	Ч	Ю
Я	М	І	Н	Е	О	Н	Д	Т	М	Ь	Ь	Н	Є	П	Т
Ч	С	С	И	В	Р	С	Н	Е	О	Щ	О	И	Р	Р	Д
Ґ	Л	Т	Й	Н	П	Ю	Е	Т	Р	Ю	Ю	Й	Є	Щ	Ю
К	Ь	Ь	Я	І	Ц	А	Т	У	П	Е	Р	О	Ь	П	Т

ЯКІСТЬ
ТВОРЧИЙ
РІШЕННЯ
ЗАЙНЯТІСТЬ
ГЛОБАЛЬНИЙ
ПРОМИСЛОВОСТІ
ДОХІД
ІННОВАЦІЙНИЙ
ІНВЕСТИЦІЇ
БІЗНЕС
МОЖЛИВІСТЬ
ПРЕЗЕНТАЦІЯ
ПРОДУКТ
ПРОФЕСІЙНИЙ
ПРОГРЕС
РЕСУРСИ
РЕПУТАЦІЯ
РИЗИКИ
ТЕНДЕНЦІЇ
ОДИНИЦЬ

4 - Aviones

Н	К	Ж	А	Р	Т	Щ	Є	Т	Ш	К	Ґ	Ґ	П	Ь	Т
О	А	П	О	В	І	Т	Р	Я	Ч	Ц	Щ	Е	С	Ґ	Я
П	Д	П	У	И	Б	У	Д	І	В	Н	И	Ц	Т	В	О
А	О	П	Р	Ж	А	П	І	К	Е	О	Ж	Ю	Ь	Р	Б
С	Г	Р	Ь	Я	Щ	Т	Х	И	Е	Ґ	У	Д	И	Р	Е
А	О	И	Щ	С	М	Я	М	О	У	Ш	Н	Ж	Д	Ь	Н
Ж	П	Г	У	П	Г	О	Щ	О	В	И	Л	А	П	Д	Щ
И	Г	О	К	У	Ф	Ф	Є	О	С	Я	Н	Л	С	И	Ь
Р	Д	Д	Ь	С	В	Ч	Ч	К	Є	Ф	Ф	Я	Щ	З	Д
Ц	М	А	Г	К	Ь	И	М	П	Д	П	Е	І	У	А	В
Х	Б	Р	В	Д	И	Ґ	С	Є	Ь	І	Н	Р	Щ	Й	И
Л	Є	П	И	Ю	Щ	П	И	О	В	Д	Я	О	А	Н	Г
Н	Х	Ь	Н	Е	Д	О	В	Ф	Т	О	В	Т	Р	Б	У
К	Є	П	Т	Н	А	Д	У	Т	И	А	Ю	С	И	Є	Н
С	Б	В	И	П	О	С	А	Д	К	А	С	І	Б	І	Т
П	І	Л	О	Т	Ш	Ф	Я	Ґ	Ш	Д	Л	Б	Н	Ґ	Х

ПОВІТРЯ
ВИСОТА
ПОСАДКА
АТМОСФЕРА
ПРИГОДА
НЕБО
ПОГОДА
ПАЛИВО
БУДІВНИЦТВО
СПУСК

НАПРЯМ
ДИЗАЙН
ГВИНТИ
ВОДЕНЬ
ІСТОРІЯ
НАДУТИ
ДВИГУН
ПАСАЖИР
ПІЛОТ
ЕКІПАЖ

5 - Tipos de Cabello

Б	Б	Б	А	К	У	С	Б	Ф	Ц	О	Д	І	Я	К	Д
А	Л	І	И	Ю	Д	Р	Л	А	А	П	П	Ж	Ц	У	Б
П	Р	И	Л	Й	П	І	О	М	Л	Х	Х	Ц	Б	Ч	Ш
О	Й	И	С	И	Л	Б	Н	Є	Е	Ч	Ґ	Х	Ь	Е	П
С	Ж	Ч	Н	К	Й	Л	Д	Ґ	К	Ц	Ф	Є	Б	Р	Л
В	Ц	О	Д	Я	У	О	И	Т	С	І	Р	И	Й	Я	Е
Т	У	Р	Л	М	Ґ	Ч	Н	Л	Х	М	Е	Х	И	В	Т
Г	П	Н	Ю	Ь	Ц	Ц	И	Е	Х	О	Ч	В	К	И	Е
С	Г	И	С	А	В	С	Н	Й	Ґ	М	У	И	Т	Й	Н
О	У	Й	И	В	Е	Н	Ч	И	Р	О	К	Л	О	Я	И
Є	Б	Х	Г	И	С	М	Т	А	Е	Р	Є	Я	Р	Ф	Й
М	Ш	Ь	И	А	Ю	Х	О	Ь	Д	Р	И	С	О	К	Ф
С	Щ	Е	Ь	Й	Р	Д	Н	М	Д	Я	У	Т	К	Ф	П
Д	О	В	Г	И	Й	Д	К	Є	Ф	Ґ	Х	И	И	Ч	Д
Т	О	В	С	Т	И	Й	И	Н	Ж	Є	Ч	Й	Я	Ц	М
Н	А	М	Х	Е	Н	Е	Й	З	Д	О	Р	О	В	И	Й

БІЛИЙ
БЛИСКУЧИЙ
ЛИСИЙ
КОРОТКИЙ
ТОНКИЙ
СІРИЙ
ТОВСТИЙ
ДОВГИЙ
КОРИЧНЕВИЙ
ЧОРНИЙ
ХВИЛЯСТИЙ
СРІБЛО
КУЧЕРЯВИЙ
КУЧЕР
БЛОНДИН
ЗДОРОВИЙ
СУХИЙ
М'ЯКИЙ
ПЛЕТЕНИЙ
КОСИ

6 - Ciencia Ficción

Т	Б	Е	Ц	Я	Ю	Г	Ю	В	І	Я	А	У	Е	Ь	У
Ю	А	К	И	Т	К	А	Л	А	Г	Ь	У	С	Х	А	Я
В	Б	Є	Р	Е	А	Л	І	С	Т	И	Ч	Н	И	Й	В
О	Ь	Г	М	А	Ю	Ч	М	Д	М	Г	Ч	В	Є	Щ	Н
Г	П	Й	И	Н	Ч	И	Т	С	И	Р	У	Т	У	Ф	И
О	О	Б	Т	С	И	С	Ц	Е	Н	А	Р	І	Й	Н	Й
Н	Р	В	О	І	Щ	Ч	К	Є	С	Ш	Д	К	Л	П	П
Ь	А	Б	Б	М	І	Т	И	Х	Г	Ж	І	Е	Є	Я	А
У	К	К	О	О	С	Т	Ч	Й	И	К	Е	Л	А	Д	Т
Ф	У	П	Р	Я	В	Ю	Н	Є	Ц	И	Ф	Ц	К	К	О
Т	Л	С	Ч	Я	І	Г	О	Л	О	Н	Х	Е	Т	Н	М
У	Ц	С	В	Ґ	Т	З	Х	Р	Н	Б	У	Ш	Л	И	Н
П	Л	А	Н	Е	Т	А	Ю	Щ	І	Ш	Б	Н	Х	Г	И
У	Т	О	П	І	Я	Ю	Ґ	Л	К	С	И	Д	К	И	Й
Щ	Х	Т	Є	П	Н	Р	І	Ф	І	Т	В	У	И	Н	Ш
Ф	А	Н	Т	А	С	Т	И	Ч	Н	И	Й	С	О	П	Х

АТОМНИЙ
КІНО
ДАЛЕКИЙ
СЦЕНАРІЙ
ВИБУХ
ФАНТАСТИЧНИЙ
ВОГОНЬ
ФУТУРИСТИЧНИЙ
ГАЛАКТИКА
ІЛЮЗІЯ
УЯВНИЙ
КНИГИ
ТАЄМНИЧИЙ
СВІТ
ОРАКУЛ
ПЛАНЕТА
РЕАЛІСТИЧНИЙ
РОБОТИ
ТЕХНОЛОГІЯ
УТОПІЯ

7 - Granja #1

М	М	Н	А	К	Р	А	П	М	Ю	О	М	У	Т	Ж	В
Л	А	Х	Щ	І	Ф	О	Т	Ф	Л	Є	Ш	Е	Ь	М	О
Д	Я	Д	К	Ш	Я	А	Р	Г	З	Р	Е	Я	Д	Я	Д
І	Ж	И	В	К	О	В	Ч	Ж	О	Ц	Ц	М	І	Ф	А
С	С	Б	П	А	З	О	К	Г	Х	Х	Ю	М	Х	У	Н
Л	Щ	Е	Т	К	Л	Р	М	Р	Н	П	Ь	Ч	І	О	О
К	К	Ь	Ф	Р	М	О	Н	І	С	И	Р	Н	Б	П	Р
М	Л	Б	Ч	У	Ж	К	Ж	Г	Е	Є	І	А	Т	М	О
У	І	Ч	Ц	К	Ш	П	А	Д	П	В	К	Я	Я	Д	В
М	Щ	Ж	Щ	Н	О	К	О	Я	Б	О	С	Е	Л	О	К
Я	А	И	Ф	Р	П	Д	М	Л	Ц	М	Є	Ц	М	Б	Ь
Є	Є	А	М	И	Р	Ю	А	К	Е	Ш	Ж	Ц	Е	Р	І
П	С	О	О	К	Ь	Ч	Ю	Г	Ю	Ф	Є	Б	З	И	Р
Ц	Е	Ґ	Е	Н	А	С	І	Н	Н	Я	Л	Е	Т	В	П
К	І	Н	Ь	И	С	Д	Ґ	А	Х	І	Х	М	Ф	О	Ф
Ч	В	К	Г	Ґ	Ч	У	Є	І	Ф	У	П	Ц	Ь	У	Г

БДЖОЛА
ВОДА
РИС
ОСЕЛ
КІНЬ
КОЗА
ПОЛЕ
ВОРОНА
ДОБРИВО
КІШКА

СІНО
МЕД
ПЕС
КУРКА
ЗГРАЯ
НАСІННЯ
ТЕЛЯ
ЗЕМЛЯ
КОРОВА
ПАРКАН

8 - Camping

Л	Є	И	Н	А	Щ	Г	Д	Д	К	М	М	Б	Е	О	В
Г	А	М	А	К	У	О	К	Е	А	Ж	О	С	Н	Ч	О
П	Ю	Т	Л	Д	Т	Р	А	Р	П	Х	Т	П	А	Д	Г
Л	М	І	П	Ґ	К	А	Б	Е	Е	Г	У	Е	Е	Х	О
І	О	І	Ю	О	С	М	І	В	Л	К	З	Є	В	О	Н
С	З	Ь	С	Ґ	Л	Є	Н	А	Ю	Д	К	Ю	В	Ш	Ь
Л	Е	И	Л	Я	Є	Ю	А	Ц	Х	Я	А	Є	С	Ж	І
Н	Р	Ш	А	Є	Ц	Д	В	К	А	Н	О	Е	І	Ь	Ґ
К	О	Е	Ж	Л	Д	Ь	Х	А	Д	О	Р	И	Р	П	И
Р	О	Я	О	Ґ	І	М	Ч	Х	Н	О	Х	Е	А	Т	Є
Р	Н	М	К	А	Р	Т	А	А	Ц	Н	Ч	С	Т	В	Є
Ц	М	К	П	Л	Т	Н	У	М	Л	Щ	Я	Ю	Х	А	Д
Г	Ю	Б	Л	А	У	А	Д	О	Г	И	Р	П	І	Р	Б
Р	Г	Р	Щ	Н	С	Ц	С	К	И	Ч	Н	Ґ	Л	И	Б
Ж	В	Ь	Л	О	Б	Л	А	Д	Н	А	Н	Н	Я	Н	Щ
Б	В	И	Р	С	Є	Є	Х	Л	О	Ч	Н	Я	У	Ч	Ю

ТВАРИН
ПРИГОДА
ДЕРЕВА
ЛІС
КОМПАС
КАБІНА
КАНОЕ
ПОЛЮВАННЯ
МОТУЗКА
ОБЛАДНАННЯ

ВОГОНЬ
ГАМАК
КОМАХА
ОЗЕРО
ЛІХТАР
МІСЯЦЬ
КАРТА
ГОРА
ПРИРОДА
КАПЕЛЮХ

9 - Fruta

Я	Л	С	О	К	О	К	Б	А	Н	А	Н	У	С	Д	Ф
А	Г	Ш	Д	І	Ф	А	Д	Н	Я	Т	В	Ґ	В	А	Б
Н	Щ	О	С	В	А	В	Й	И	В	Е	Ж	Н	А	Р	О
А	Н	Г	Д	І	П	Е	Р	С	И	К	Щ	И	Б	Г	І
Н	І	Н	М	А	Л	М	Ю	С	Ь	Н	Б	Р	Р	О	Ю
А	Х	А	В	В	Н	И	П	Є	Ґ	М	Ж	А	И	Н	Т
С	Н	М	У	А	Е	И	М	И	С	М	Н	Т	К	И	В
І	М	Є	Д	У	Є	О	Л	О	О	Д	А	К	О	В	А
Ж	Н	В	Н	Г	Г	Е	К	А	Н	И	М	Е	С	Х	Б
М	П	Я	Б	Л	У	К	О	Д	М	О	Ю	Н	О	Б	Е
Т	А	Н	Р	Г	Р	У	Ш	А	О	Ц	Ч	Д	Ь	Я	Ь
Ч	К	И	Б	Ч	Т	Ю	С	Т	Ф	Щ	Б	Ґ	О	П	А
Щ	Х	Д	Ґ	Н	І	Е	У	Е	Ш	Ш	Л	Г	И	Ь	М
П	А	П	А	Й	Я	Н	Ш	И	В	П	Ь	Н	П	Ц	И
Д	Ц	Л	Т	П	Ц	Ч	О	Ю	К	Ж	І	Л	И	Ґ	І
Ґ	Д	Х	Я	Щ	Ж	Ь	Ь	Е	В	Я	Р	И	Г	Ф	С

АВОКАДО
АБРИКОС
ЯГОДА
ВИШНЯ
КОКОС
МАЛИНА
ГУАВА
КІВІ
ЛИМОН
МАНГО
ЯБЛУКО
ПЕРСИК
ДИНЯ
ОРАНЖЕВИЙ
НЕКТАРИН
ПАПАЙЯ
ГРУША
АНАНАС
БАНАН
ВИНОГРАД

10 - Geología

К	Ш	Ш	Ч	Ь	Й	С	Ґ	К	Я	А	Е	Д	Е	К	П
Е	Н	Т	О	Т	И	Т	К	А	Л	А	Т	С	Р	О	К
С	І	Л	Ь	Ю	Н	А	І	М	С	В	Є	Я	О	Н	О
Е	Є	Г	Ш	І	П	Л	Ш	І	Є	А	Ю	Ґ	З	Т	Р
Є	Щ	Н	С	Ь	О	А	Ґ	Н	И	Л	Ц	Ч	І	И	А
М	Я	Б	Ш	С	К	Г	Д	Ь	Н	Г	П	Ґ	Я	Н	Л
І	К	П	Ц	Ч	И	М	Н	Т	П	Ф	Е	В	Є	Е	О
Н	В	З	Л	У	В	І	А	Г	П	К	Ґ	Й	Ф	Н	В
Е	А	А	Е	А	Я	Т	К	М	Ц	П	І	С	З	Т	И
Р	Р	П	Л	М	Т	И	Л	А	Т	С	И	Р	К	Е	Й
А	Ц	Е	Д	К	Л	О	У	Я	С	С	Л	А	Е	Г	Р
Л	Л	Ч	Ж	Т	Е	Е	В	Я	Ь	Л	Ц	Ш	Б	Ь	Е
И	Т	Е	А	Ю	Б	К	Т	К	А	Л	Ь	Ц	І	Й	Ц
І	Б	Р	Ц	М	Ш	В	Л	Р	Ь	Х	А	Ц	Н	Ь	И
Ц	Б	А	Т	О	Л	С	И	К	У	Е	Е	Ц	Д	Ш	У
Е	Ґ	Х	Є	Т	Ю	Щ	В	К	У	С	Ф	У	Н	Ц	Ч

КИСЛОТА
КАЛЬЦІЙ
ШАР
ПЕЧЕРА
КОНТИНЕНТ
КОРАЛОВИЙ
КРИСТАЛИ
КВАРЦ
ЕРОЗІЯ
СТАЛАКТИТ
СТАЛАГМІТИ
ВИКОПНИЙ
ГЕЙЗЕР
ЛАВА
ПЛАТО
МІНЕРАЛИ
КАМІНЬ
СІЛЬ
ЗЕМЛЕТРУС
ВУЛКАН

11 - Inmigración

Т	Е	Ц	С	Н	У	П	Н	Ф	Є	Р	П	Д	З	М	У
С	Е	Е	Ф	И	Н	Л	Г	Р	Ґ	І	Е	О	А	О	Ґ
И	Щ	Р	Р	Я	Т	Д	І	Т	И	Ш	Р	П	Т	В	Л
Х	Р	Е	М	Я	Б	У	И	Г	М	Е	Е	О	В	А	О
А	Х	Ц	Є	І	Х	П	А	Х	С	Н	Г	М	Е	Б	Ю
З	В	І	О	Ц	Н	Р	С	Ц	Ф	Н	О	О	Р	Ф	Щ
Х	Б	Ф	П	А	О	О	Т	Ф	І	Я	В	Г	Д	И	Е
К	Ч	О	Ч	Р	К	Ц	Р	Є	Ь	Я	О	А	Ж	В	С
Р	П	Е	Ж	Т	А	Е	Е	Щ	З	О	Р	К	Е	І	Б
Щ	Д	Х	А	С	З	С	С	Б	Б	В	И	П	Н	Ф	Ч
С	Н	Ґ	О	І	Л	С	О	Р	О	Д	Я	А	Н	Ю	В
І	Т	И	Т	Н	Е	М	У	К	О	Д	Л	З	Я	Ц	Ф
Є	Ю	С	О	І	Ж	И	Т	Л	О	Ф	С	Г	К	Ф	Ш
Ь	Ц	Є	К	М	В	П	Щ	Я	У	У	Р	І	Л	И	Щ
Р	С	Х	Ж	Д	Б	С	Є	П	Ь	Ц	Ф	І	Т	О	Х
Ч	Я	Н	Н	А	В	У	С	Н	А	Н	І	Ф	П	Щ	Д

АДМІНІСТРАЦІЯ
ДОРОСЛІ
ЗАТВЕРДЖЕННЯ
ДОПОМОГА
ЗВ'ЯЗКИ
ДОКУМЕНТИ
СТРЕС
ТЕРМІН
ФІНАНСУВАННЯ
МОВА
ЗАКОН
ПЕРЕГОВОРИ
ДІТИ
ОФІЦЕР
ПРОЦЕС
ЗАХИСТ
СИТУАЦІЯ
РІШЕННЯ
ЖИТЛО

12 - Álgebra

Щ	Л	А	О	О	Х	Р	Ь	К	Є	Ю	Ф	Б	Ц	Т	Р
П	Ь	К	Я	Ч	Л	Н	Т	Г	Б	Ш	Г	Ц	Ф	В	І
Є	О	Ь	Н	Ґ	Т	В	С	З	М	І	Н	Н	А	И	В
П	У	К	Н	О	Ф	І	І	Ш	Н	Г	Е	Ь	Й	Р	Н
О	Є	І	А	Л	Ф	А	К	Т	О	Р	Т	О	И	І	Я
М	У	Ф	М	З	І	Ґ	Ь	К	Ь	Л	У	Н	Н	Ш	Н
И	А	А	І	Ґ	Н	Н	Л	Є	Е	Є	С	Ш	Н	И	Н
Л	М	Р	Н	Б	Ю	И	І	Д	Т	Ш	Ґ	И	Е	Т	Я
К	Ч	Г	Д	Ш	У	А	К	Й	Я	Д	Т	Т	Ч	И	І
О	Н	Ч	І	А	Б	Ґ	Х	А	Н	Ґ	Т	И	Н	Ь	Ґ
В	Ґ	Р	В	С	Е	Щ	Т	В	Н	И	М	Т	І	Щ	М
И	І	Ф	О	Р	М	У	Л	А	Е	Д	Й	С	К	Д	Г
Й	П	Р	О	Б	Л	Е	М	А	Ш	А	Р	О	С	А	Р
С	Ф	Б	А	М	А	Р	Г	А	І	Д	Р	Р	Е	Є	Л
Д	У	Ж	К	И	В	Ц	Е	М	Р	І	С	П	Н	П	Е
М	А	Т	Р	И	Ц	Я	О	І	Т	Т	Ю	С	Ц	Ю	Р

КІЛЬКІСТЬ
НУЛЬ
ДІАГРАМА
РІВНЯННЯ
ПОКАЗНИК
ФАКТОР
ПОМИЛКОВИЙ
ФОРМУЛА
ГРАФІК
НЕСКІНЧЕННИЙ
ЛІНІЙНИЙ
МАТРИЦЯ
ЧИСЛО
ДУЖКИ
ПРОБЛЕМА
ВИРІШИТИ
ВІДНІМАННЯ
СПРОСТИТИ
РІШЕННЯ
ЗМІННА

13 - Plantas

Ч	Ю	У	Д	Г	Х	К	Є	Д	Л	Ж	М	К	Ц	Ж	Т
В	Ь	Р	Ф	Б	Ь	И	А	И	Т	Ш	К	В	Б	Щ	Р
Ф	Ь	Т	С	І	Н	Н	И	Л	С	О	Р	А	Ш	Н	А
Л	Л	К	Ж	М	І	Д	Я	Ч	С	Ю	Г	С	Л	Е	В
С	Л	О	П	Ц	Р	Е	Ч	Ю	Ф	Ж	Х	О	М	Г	А
О	В	И	Р	Б	О	Д	С	Щ	А	Ь	Ж	Л	Б	Т	А
І	У	Ч	С	А	К	Т	І	В	К	Ж	Б	Я	Б	Ю	Ж
Х	Ґ	Ґ	У	Т	А	Ф	Ч	Щ	Т	Ш	М	А	О	Т	К
Н	Ю	М	Т	Л	И	С	Т	Я	С	А	Х	Ь	Т	Ф	Ю
Є	М	У	К	А	Р	Х	Е	Щ	Ю	Л	П	Ь	А	І	О
С	У	Р	А	Д	О	Г	Я	А	Л	Ш	Е	Ч	Н	К	Ґ
І	Р	Ц	К	Б	Е	Ш	О	Е	Е	І	Ю	У	І	Т	Ґ
У	Ф	Ґ	Ґ	Ц	Т	Р	Ц	І	П	К	У	Щ	К	Щ	А
Ф	В	У	Т	Ц	Ч	Ш	Е	Я	Д	В	И	Ь	А	Ю	Е
С	А	Д	П	Ю	І	Х	Л	В	Ф	Б	А	М	Б	У	К
Б	Р	Л	І	С	Ф	В	А	Щ	О	Р	Ц	Ь	Я	Е	С

КУЩ
ДЕРЕВО
БАМБУК
ЯГОДА
ЛІС
БОТАНІКА
КАКТУС
ДОБРИВО
КВІТКА
ФЛОРА
ЛИСТЯ
КВАСОЛЯ
ПЛЮЩ
ТРАВА
ЛИСТ
САД
МОХ
ПЕЛЮСТКА
КОРІНЬ
РОСЛИННІСТЬ

14 - Suministros de Arte

Д	К	П	А	П	І	Р	Т	Щ	У	А	Е	П	І	Т	Ч
С	Ґ	А	Р	С	Щ	У	Р	А	Н	И	Л	Г	Ф	В	Г
Л	Ж	П	Е	Ц	Ь	І	Д	И	Б	Р	А	Ф	Я	О	Г
В	Ф	О	М	Е	Г	Л	Т	І	Ц	Л	Б	Ч	Р	Р	А
О	Ж	К	А	Ц	І	Е	Р	К	Є	А	И	Я	И	Ч	К
М	Є	В	К	Р	О	Т	Е	Ч	А	К	Р	Ц	Х	І	Р
О	Л	І	В	Ц	І	С	Б	Р	Д	В	О	У	Я	С	И
Е	Ц	О	Ч	Ж	Т	А	Ь	Ж	О	А	Ь	Л	Е	Т	Л
Ч	И	Ф	О	У	П	П	Л	Ь	В	Р	Л	А	І	Ь	О
Є	П	Т	Р	Х	Є	Ь	О	О	Х	Е	О	А	Г	Я	В
Б	Ш	Ь	Н	Ф	Г	У	М	К	А	Л	К	С	Ь	Ф	И
А	Ґ	М	И	Н	І	С	Б	М	Ґ	І	Ґ	У	Ц	Ь	Й
П	Ь	Н	Л	І	Д	Е	Ї	Р	У	І	М	Ґ	Є	Е	Е
Л	А	І	О	С	К	Б	У	И	О	П	Ґ	С	Г	Ч	Л
К	Х	Н	Ш	А	Щ	Ь	Ж	М	Е	Д	Р	А	У	І	К
Н	Ч	Ч	И	В	С	У	Д	К	Р	І	С	Л	О	Ґ	К

ОЛІЯ
АКРИЛОВИЙ
АКВАРЕЛІ
ВОДА
ГЛИНА
ГУМКА
МОЛЬБЕРТ
КАМЕРА
ЩІТКА
КОЛЬОРИ
ТВОРЧІСТЬ
ІДЕЇ
ОЛІВЦІ
ТАБЛИЦЯ
ПАПІР
ПАСТЕЛІ
КЛЕЙ
ФАРБИ
КРІСЛО
ЧОРНИЛО

15 - Negocio

Е	В	Ь	Р	Є	Р	А	К	П	Я	М	Т	Ґ	Е	У	Я
К	О	У	О	В	Ч	К	И	О	Ґ	Є	О	Ґ	И	Ш	Б
О	К	Л	Б	А	О	И	Н	Д	Н	Ю	В	У	К	В	Т
Н	О	Ь	О	Л	Ф	Р	В	А	М	Ж	А	Ь	М	А	Р
О	М	Ц	Т	Ю	І	Б	І	Т	Г	П	Р	Ш	А	Ь	А
М	П	Е	А	Т	С	А	Ц	К	Б	Ю	Д	Ж	Е	Т	Н
І	А	В	Ч	А	Ю	Ф	А	И	Ґ	Ґ	І	А	И	С	З
К	Н	А	С	Т	Ь	И	Р	К	В	Н	Д	Д	Ж	І	А
А	І	Д	У	И	І	С	П	Щ	Ж	Г	Ч	О	К	Т	К
К	Я	О	М	А	Г	А	З	И	Н	И	П	Р	Ц	Р	Ц
Ю	Р	Т	Ф	І	Н	А	Н	С	И	Ч	Н	П	Щ	А	І
Г	Т	О	Ш	Т	Д	Е	Н	Н	Ґ	И	О	З	Д	В	Я
Є	Р	Б	Щ	О	Ь	О	Р	Е	Д	Р	Ф	Р	Н	Р	Т
В	Ц	О	Р	О	А	Е	Я	П	К	Ж	Ж	Г	Ь	У	Ш
И	Б	Р	Ш	А	О	Є	Ц	Ж	Ш	Л	Ю	І	Г	Р	П
Н	Ч	А	Ї	І	Ц	И	Т	С	Е	В	Н	І	Ф	Ю	Ш

КАР'ЄР
ВАРТІСТЬ
ЗНИЖКА
ГРОШІ
ЕКОНОМІКА
ПРАЦІВНИК
РОБОТОДАВЕЦЬ
КОМПАНІЯ
ФАБРИКА
ФІНАНСИ
ПОДАТКИ
ІНВЕСТИЦІЇ
ТОВАР
ВАЛЮТА
ОФІС
БЮДЖЕТ
МАГАЗИН
РОБОТА
ТРАНЗАКЦІЯ
ПРОДАЖ

16 - Jardín

І	Ш	Е	Ь	М	Д	Т	И	Ц	С	Ю	Г	Н	А	Л	Ш
І	Ц	Ь	Г	Г	Е	П	Е	Р	П	Т	А	Н	Ш	Ч	И
Ь	Я	Х	Ц	Т	Р	Ц	А	Р	Ґ	Ф	Н	О	З	А	Г
С	Р	Г	У	К	Е	К	Ґ	Р	А	Ж	О	А	О	Е	Ґ
Г	А	М	А	К	В	Щ	Х	С	К	С	К	Г	Ш	Г	Р
Ь	Т	Ь	М	Ц	О	С	Ь	К	Е	А	А	Є	Б	Р	У
В	Я	Д	И	Г	Ц	Б	Я	Г	Ь	Ь	Н	А	А	Ф	Н
Ф	Р	У	К	Т	О	В	И	Й	С	А	Д	Г	Б	М	Т
К	У	Щ	Л	Х	Ш	І	Щ	Ш	Н	Л	Л	А	К	Ч	Р
У	Т	К	А	Р	Б	Л	О	П	А	Т	А	Р	С	Щ	П
П	Г	Ч	В	Ц	У	Б	К	П	К	О	В	А	Т	С	Г
Ш	Х	Б	А	Ґ	Р	А	Ґ	Л	Т	Ш	Х	Ж	У	О	Ф
Г	В	Щ	Є	К	Я	Р	И	Ґ	І	Б	А	Т	У	Т	Ю
Ю	Ґ	Ч	Е	Ч	Н	Г	Ґ	С	В	Ю	Я	І	Ґ	І	І
Т	Р	А	В	А	І	А	Т	К	К	Ч	Б	Л	Л	Ь	Л
Б	Ґ	О	А	І	В	К	Г	Р	Ь	Т	И	И	В	Р	Х

КУЩ
ДЕРЕВО
ЛАВА
ГАЗОН
СТАВОК
КВІТКА
ГАРАЖ
ГАМАК
ТРАВА
ФРУКТОВИЙ САД

САД
БУР'ЯНІВ
ШЛАНГ
ЛОПАТА
ГАНОК
ГРАБЛІ
ҐРУНТ
ТЕРАСА
БАТУТ
ПАРКАН

17 - Países #2

Р	І	Ж	Т	Л	Ь	Е	П	Ф	Ь	Р	Л	Ц	П	Т	Я
О	Р	С	О	Р	Т	Х	Т	П	Я	М	С	Ь	Х	Ч	Ж
С	Л	Ш	О	О	У	Є	Ч	П	М	Ш	И	Б	І	Н	Ч
І	А	К	Й	А	М	Я	І	Н	О	П	Я	І	Н	А	Д
Я	Н	І	Ф	Ц	Л	І	А	Ф	К	Ш	І	Ш	А	Н	Ф
Е	Д	Ч	Ю	Ш	Л	З	Л	Я	Л	Ь	Л	И	Т	Ї	Р
Я	І	П	О	І	Ф	Е	Б	І	Ґ	К	А	А	С	А	А
А	Я	А	Я	Ц	Ю	Н	А	Д	Н	А	Г	У	И	Р	Н
С	В	У	Ґ	Ж	Г	О	Н	М	І	Х	У	С	К	К	Ц
Ш	С	С	Г	М	К	Д	І	Е	Ч	Р	Т	Ж	А	У	І
Ь	Л	И	Т	Б	Ж	Н	Я	К	Х	Д	Р	Ф	П	Ю	Я
К	С	Л	Р	Р	Ц	І	О	С	Ф	Ш	О	Е	Щ	К	І
Ф	Б	Б	У	І	А	Ф	Ж	И	Ю	Є	П	А	Р	В	Ц
Ю	Х	У	Б	Я	Я	Л	Л	К	П	Є	С	В	У	Г	Е
Щ	Ш	Ш	К	И	С	Р	І	А	Ґ	С	У	Д	А	Н	Р
Я	П	Д	І	Х	Е	Г	Е	Я	І	Р	Т	С	В	А	Г

АЛБАНІЯ
АВСТРАЛІЯ
АВСТРІЯ
ДАНІЯ
ЕФІОПІЯ
ФРАНЦІЯ
ГРЕЦІЯ
ІНДОНЕЗІЯ
ІРЛАНДІЯ
ЯМАЙКА

ЯПОНІЯ
ЛАОС
МЕКСИКА
ПАКИСТАН
ПОРТУГАЛІЯ
РОСІЯ
СИРІЯ
СУДАН
УКРАЇНА
УГАНДА

18 - Números

Д	Ш	І	С	Т	Ь	С	Н	Ж	Н	Щ	П	М	У	Є	Д
Л	Е	Ф	А	Д	В	А	У	Т	Е	І	Я	М	Я	Ч	Е
Д	Б	В	О	Е	Ч	Г	Л	Г	В	Ц	Т	І	Ш	К	В
В	Е	Н	Я	Щ	С	М	Ь	Щ	І	И	Ь	С	Я	Т	Я
Н	І	С	Ь	Т	Я	Ц	Д	А	Н	Т	С	І	Ш	Р	Т
Б	Я	С	Я	Д	Н	П	В	К	Р	Х	Є	В	У	И	Ь
Я	Ц	М	І	Т	У	А	Ж	Ґ	Ч	Ґ	Щ	И	У	Н	С
И	М	А	Ш	М	Ь	Ь	Д	Ч	О	Т	И	Р	И	А	І
Ф	У	Ф	Х	Р	Н	Ш	С	Ц	Х	А	Р	У	Д	Д	М
С	І	М	Б	С	В	А	И	Ґ	Я	Б	Т	Ю	В	Ц	Н
Ч	Б	Ю	Ь	Т	Я	Ц	Д	А	Н	Т	Я	П	А	Я	А
Ч	С	Е	М	Ь	І	О	Ц	Ц	А	Д	Ь	Ю	Д	Т	Д
Ц	У	А	А	У	І	І	Т	П	Я	К	Ц	С	Ц	Ь	Ц
Д	В	А	Н	А	Д	Ц	Я	Т	Ь	Т	Н	П	Я	Б	Я
Д	Е	С	Я	Т	К	О	В	И	Й	Е	Ь	Г	Т	Б	Т
Ч	О	Т	И	Р	Н	А	Д	Ц	Я	Т	Ь	Ь	Ь	Ч	Ь

ЧОТИРНАДЦЯТЬ
НУЛЬ
П'ЯТЬ
ЧОТИРИ
ДЕСЯТКОВИЙ
ДЕВ'ЯТНАДЦЯТЬ
ВІСІМНАДЦЯТЬ
ШІСТНАДЦЯТЬ
СІМНАДЦЯТЬ
ДЕСЯТЬ

ДВАНАДЦЯТЬ
ДВА
ДЕВ'ЯТЬ
ВІСІМ
П'ЯТНАДЦЯТЬ
ШІСТЬ
СІМ
ТРИНАДЦЯТЬ
ТРИ
ДВАДЦЯТЬ

19 - Física

Г	Л	Є	Е	П	Ш	В	И	Д	К	І	С	Т	Ь	Х	У
Х	Р	Є	У	З	Р	В	Д	Ф	Ч	О	Н	М	Ч	П	Н
І	М	А	С	А	М	И	Ф	О	Р	М	У	Л	А	Ч	І
М	А	Т	В	Г	В	М	С	І	Л	П	Г	Ф	Ч	А	В
І	Г	О	Б	І	В	Ю	Ь	К	С	И	И	Ь	Ю	С	Е
Ч	Н	Т	Е	П	Т	І	Щ	Б	О	Д	В	Т	М	Т	Р
Н	Е	С	Р	Ґ	Л	А	Д	І	А	Р	Д	С	К	И	С
І	Т	А	Г	Х	Г	Л	Ц	Н	Е	Є	Е	І	Ц	Н	А
Є	И	Ч	К	Н	Ш	У	М	І	О	К	Й	Н	Ь	К	Л
Р	З	Х	А	О	С	К	Е	Х	Я	С	И	Ь	Н	А	Ь
Ч	М	О	П	Р	И	Е	Х	Н	Ь	О	Н	Л	П	Я	Н
А	Т	О	М	Т	Ґ	Л	А	Е	О	Х	Р	І	Т	Б	И
Д	М	Г	Ц	К	К	О	Н	И	Х	Щ	Е	Щ	С	Є	Й
Г	К	Ч	В	Е	К	М	І	Т	І	І	Д	Т	А	Т	У
С	Ю	І	Г	Л	Щ	Ж	К	Ж	Ж	Р	Я	И	Ф	Р	Ь
Ш	Є	Є	Щ	Е	Т	Ф	А	Х	Є	Ґ	Ж	Ш	Ґ	Т	М

ПРИСКОРЕННЯ
АТОМ
ХАОС
ЩІЛЬНІСТЬ
ЕЛЕКТРОН
ФОРМУЛА
ЧАСТОТА
ГАЗ
ГРАВІТАЦІЯ
МАГНЕТИЗМ
МАСА
МЕХАНІКА
МОЛЕКУЛА
ДВИГУН
ЯДЕРНИЙ
ЧАСТИНКА
ХІМІЧНІ
ВІДНОСНІСТЬ
УНІВЕРСАЛЬНИЙ
ШВИДКІСТЬ

20 - Belleza

К	Ю	В	П	Т	Е	П	О	М	А	Д	А	К	В	П	Я
Ф	О	Л	Т	О	Л	Я	Х	Я	Ч	Н	М	О	Д	О	Ф
Ю	А	Л	С	А	Е	Я	М	И	Г	У	Л	С	О	П	О
М	Л	В	І	Х	Г	Е	А	Ь	Н	У	П	М	А	Ш	Т
Щ	С	У	Л	Р	А	Г	Л	Т	М	Ц	Ц	Е	Л	У	О
К	Ф	Ш	И	Ґ	Н	Ґ	Х	А	П	А	З	Т	С	Т	Г
Є	Б	О	Т	І	Т	Р	И	Д	Ж	Ц	О	И	А	Ґ	Е
Ґ	К	Щ	С	В	Н	К	Д	О	Л	Ґ	Ц	К	М	Ф	Н
Е	Ь	Г	М	Г	І	Ґ	Р	Г	Л	Ш	Х	А	У	Ч	І
І	А	Ц	Н	Ф	С	Ю	Я	А	Т	А	М	О	Р	А	Ч
С	К	Г	Щ	М	Т	С	Ю	Л	Л	Ь	К	У	С	Ц	Н
Ь	Ч	Ь	С	В	Ь	Ш	Ф	Б	Н	Ш	А	Р	М	Т	И
Н	О	Ж	И	Ц	І	О	К	Р	Я	С	Ш	Е	Е	Ж	Й
Ь	Є	Ч	Р	А	Ц	К	І	І	Ф	С	М	Ч	П	З	Ч
М	А	К	І	Я	Ж	Н	О	К	Р	Х	Ю	У	Р	Е	Д
Е	Л	Е	Г	А	Н	Т	Н	И	Й	А	И	К	Д	Ж	К

МАСЛА
ЗАПАХ
ШАМПУНЬ
КОЛІР
КОСМЕТИКА
ЕЛЕГАНТНІСТЬ
ЕЛЕГАНТНИЙ
ШАРМ
ДЗЕРКАЛО
СТИЛІСТ
ФОТОГЕНІЧНИЙ
АРОМАТ
БЛАГОДАТЬ
МАКІЯЖ
ШКІРА
ПОМАДА
КУЧЕР
ТУШ
ПОСЛУГИ
НОЖИЦІ

21 - Países #1

Л	І	В	І	Я	Ю	Н	А	М	Я	П	Д	Ю	О	П	Н
Є	Г	И	П	Е	Т	О	Х	Р	А	Р	Е	У	Ш	Е	М
І	Т	А	Л	І	Я	Р	Є	В	Г	Р	Є	П	Ю	А	А
Ф	Н	Л	І	С	І	В	Х	С	І	Е	О	Ь	Ж	Я	Л
І	І	Е	У	И	Д	Е	Я	С	Б	С	Н	К	О	Ь	І
Л	К	У	Ш	К	Н	Г	Е	Т	И	А	П	Т	К	Ч	У
І	А	С	Ж	Ь	І	І	Е	Ь	Г	М	И	А	И	О	Х
П	Р	Е	Я	П	І	Я	П	О	Л	Ь	Щ	А	Н	Н	К
П	А	Н	Ж	К	Б	І	П	А	Н	А	М	А	Ц	І	А
І	Г	Е	С	А	Е	Л	Г	О	Н	Д	У	Р	А	С	Я
Н	У	В	Ь	Н	Л	И	Н	І	М	Е	Ч	Ч	И	Н	А
И	А	Ж	Х	А	Ь	З	И	В	О	Ф	Т	Ю	Л	Ц	О
О	М	Ш	Х	Д	Г	А	К	Ш	М	М	У	Ж	Д	Р	У
Н	Ш	Ґ	Ч	А	І	Р	О	Д	А	В	К	Е	Ц	Е	К
Ь	І	Ь	М	Ш	Я	Б	Щ	Ь	Я	Л	Є	Б	І	Ж	У
Є	Ц	Г	И	Ф	О	Ц	Н	Ц	К	Х	П	Ч	А	Є	Ф

НІМЕЧЧИНА
АРГЕНТИНА
БЕЛЬГІЯ
БРАЗИЛІЯ
КАНАДА
ЕКВАДОР
ЄГИПЕТ
ІСПАНІЯ
ФІЛІППІНИ
ГОНДУРАС
ІНДІЯ
ІТАЛІЯ
ЛІВІЯ
МАЛІ
МАРОККО
НІКАРАГУА
НОРВЕГІЯ
ПАНАМА
ПОЛЬЩА
ВЕНЕСУЕЛА

22 - Mitología

Б	Л	И	С	К	А	В	К	А	Д	Р	Н	П	С	Т	П
С	Ґ	П	Т	Б	Е	З	С	М	Е	Р	Т	Я	Т	В	О
Ю	М	Ф	Н	Г	Ф	Г	Т	Ь	Г	Я	І	С	В	Ф	М
П	Т	Е	И	Р	Щ	Е	Ґ	Е	А	І	М	Я	О	Р	С
Ш	А	Ш	Р	М	Х	Р	Т	С	Н	О	М	Е	Р	Я	Т
Ц	К	І	І	Т	Г	О	Х	И	Л	О	Г	Ж	Е	Н	А
К	О	Ь	Б	І	Н	Й	Л	Б	К	Г	М	Е	Н	Н	О
І	Я	Б	А	Ц	С	И	Г	Р	І	М	С	Я	Н	А	Ф
Щ	Д	И	Л	К	Я	Т	Й	П	Є	Я	Є	Е	Я	Н	Я
Р	Е	В	Н	О	Щ	І	О	И	Б	Ф	Н	Е	Б	О	Ь
П	Ф	Ч	И	Ш	М	Н	М	Т	Р	Я	Ш	Л	П	К	Х
С	О	Т	Т	Ч	К	С	К	Е	А	Д	Н	Е	Г	Е	Л
И	А	О	Х	О	Н	У	І	Х	Н	К	Н	Х	Б	Р	Ь
Л	В	О	Ї	Н	Т	К	Т	Р	І	Ч	Ж	Ж	Г	Е	А
А	Р	У	Т	Ь	Л	У	К	А	Є	Ж	Н	У	І	П	Р
В	Я	Т	К	И	Ж	Ж	П	О	В	Е	Д	І	Н	К	А

АРХЕТИП
РЕВНОЩІ
НЕБО
ПОВЕДІНКА
СТВОРЕННЯ
ПЕРЕКОНАННЯ
ІСТОТА
КУЛЬТУРА
ЛИХО
СИЛА
ВОЇН
ГЕРОЙ
БЕЗСМЕРТЯ
ЛАБІРИНТ
ЛЕГЕНДА
МОНСТР
СМЕРТНИЙ
БЛИСКАВКА
ГРІМ
ПОМСТА

23 - Casa

Ш	Я	Ф	К	Т	Ч	К	М	Є	В	Ц	М	В	Д	Г	П
В	Ю	У	Я	Ж	Щ	И	Р	І	Ь	Ь	Г	М	Ж	О	А
Я	Х	А	Л	Д	М	Л	М	Б	Т	Г	А	Т	И	Р	Р
А	С	К	Я	М	Г	И	Б	О	Ж	Л	И	Т	Г	И	К
Д	Ф	Е	П	К	Ь	М	К	Р	А	Н	А	Д	Я	Щ	А
Ц	Щ	Т	О	С	О	О	К	К	Р	У	Є	А	А	Е	Н
С	Г	О	В	Ш	Ж	К	Е	Н	А	Ю	Т	Х	И	С	К
П	С	І	Е	Т	Ж	Ф	О	Д	Г	Б	Ц	Х	Л	А	А
І	Я	Л	Р	Х	Ж	Т	Д	З	Е	Р	К	А	Л	О	М
Х	В	Б	Х	С	Х	Ґ	Т	Ю	Е	С	Ж	П	Є	Н	І
С	Т	І	Н	А	У	Ш	Е	П	А	П	Н	М	А	К	Н
Д	Д	Б	П	Я	Ж	Н	У	М	Н	А	І	А	Ю	І	Г
В	О	У	П	І	Д	В	А	Л	Р	Л	Ь	Л	М	В	Х
Е	Ґ	І	Ш	М	Л	І	Ш	Г	Щ	Ь	А	Б	Ж	Ш	К
Р	Ж	С	А	О	К	И	Ш	Ю	Д	Н	К	У	Х	Н	Я
І	Я	Л	Е	Д	Ч	Т	Ч	Л	Ж	Я	У	Б	Ж	У	Т

КИЛИМОК
ГОРИЩЕ
БІБЛІОТЕКА
КАМІН
КУХНЯ
СПАЛЬНЯ
ДУШ
МІТЛА
ДЗЕРКАЛО
ГАРАЖ
КРАН
САД
ЛАМПА
СТІНА
ПОВЕРХ
ДВЕРІ
ПІДВАЛ
ДАХ
ПАРКАН
ВІКНО

24 - Salud y Bienestar #2

В	О	Ц	Ш	І	Д	А	Г	К	А	Т	П	С	Л	А	Ц
І	А	М	П	Н	І	Б	П	Е	С	Т	Є	Т	Т	Л	Ю
Д	А	В	Ж	Ф	Н	О	А	Е	Н	Ф	У	Р	Н	Е	П
Н	Т	С	Н	Е	А	Р	М	Щ	Т	Е	С	Е	М	Р	К
О	Б	А	Г	К	К	О	Д	У	Є	И	Т	С	Щ	Г	О
В	Ж	М	И	Ц	І	В	Ь	Ч	Ф	П	Т	И	Ж	І	Д
Л	Я	А	У	І	М	Х	Н	С	Б	Е	Х	Л	К	Я	Г
Е	Н	С	Ж	Я	Е	Д	Я	І	М	О	Т	А	Н	А	І
Н	Н	А	Д	Р	Х	Ж	І	Щ	М	Ф	Е	Т	С	Е	Г
Н	А	Ж	О	Н	Т	Ц	Р	Н	Ч	В	М	Є	Л	Н	І
Я	В	К	Р	О	В	Г	О	П	Л	А	Є	І	А	Е	Є
Ґ	У	А	Т	Р	А	В	Л	Е	Н	Н	Я	Д	Я	Р	Н
М	Ч	Є	Г	Л	І	К	А	Р	Н	Я	Л	Г	Ж	Г	А
Ч	Р	Б	Щ	А	Б	Р	К	У	Ь	Н	А	Д	І	І	Ш
П	А	В	І	Т	А	М	І	Н	И	Я	Ш	Д	Ю	Я	В
А	Х	Ґ	А	Є	Є	З	Д	О	Р	О	В	И	Й	И	И

АЛЕРГІЯ
АНАТОМІЯ
АПЕТИТ
КАЛОРІЯ
ДІЄТА
ТРАВЛЕННЯ
ЕНЕРГІЯ
ХВОРОБА
СТРЕС
ГЕНЕТИКА
ГІГІЄНА
ЛІКАРНЯ
ІНФЕКЦІЯ
МАСАЖ
ХАРЧУВАННЯ
ВАГА
ВІДНОВЛЕННЯ
ЗДОРОВИЙ
КРОВ
ВІТАМІН

25 - Selva Tropical

Д	К	Л	І	М	А	Т	В	К	И	Р	А	М	Х	В	С
Ц	Ж	Ю	Т	О	Е	А	Т	О	Я	Е	У	Ю	А	И	У
Б	І	У	Є	О	Г	С	М	Р	Ь	С	В	І	Т	Ж	Ч
Ю	О	Е	Н	Й	И	Н	Н	І	Ц	Т	Д	А	П	И	Ґ
К	Ф	Т	Ч	Г	Е	Т	К	Н	Х	А	Н	Ч	Ш	В	В
Б	Е	Є	А	В	Л	Є	О	Н	Д	В	Р	Г	І	А	А
К	А	А	Є	Н	О	І	М	І	Ц	Р	О	О	Г	Н	Ю
Г	Т	Л	М	Н	І	А	А	К	П	А	Ц	Х	Х	Н	Я
Щ	Ю	О	І	Т	Ґ	Ч	Х	Л	Ф	Ц	Е	Є	Ґ	Я	Д
Ш	Ч	Е	Ж	У	У	Т	Н	Д	Ї	І	Б	І	Ф	М	А
П	Р	И	Т	У	Л	О	К	И	Б	Я	Ц	П	Щ	Т	М
Н	И	Р	Г	Ю	Я	Є	Н	В	Й	П	О	В	А	Г	А
В	Н	И	М	О	Х	У	К	И	К	О	А	В	А	Р	Ц
З	Б	Е	Р	Е	Ж	Е	Н	Н	Я	Т	Л	В	П	С	Н
П	Р	И	Р	О	Д	А	Д	А	М	О	Р	Г	П	Ш	С
Ф	О	К	Ш	Ґ	А	Т	Ж	Ш	И	У	І	Т	Д	Ф	М

АМФІБІЇ
БОТАНІЧНИЙ
КЛІМАТ
ГРОМАДА
ВИД
КОРІННІ
КОМАХ
ССАВЦІ
МОХ
ПРИРОДА
ХМАРИ
ПТАХ
ЗБЕРЕЖЕННЯ
ПРИТУЛОК
ПОВАГА
РЕСТАВРАЦІЯ
ДЖУНГЛІ
ВИЖИВАННЯ
ЦІННИЙ

26 - Adjetivos #1

Б	А	Ь	Є	В	П	Є	Л	Щ	О	Н	С	Е	С	П	В
Ґ	О	А	І	Ґ	Е	Р	Д	И	Є	Я	Ч	О	У	О	У
У	Т	У	К	А	Р	Л	И	Ч	Г	К	Й	Ц	Ч	В	Н
Ц	Л	Ч	Й	Т	Ц	Е	И	В	Ґ	Е	И	Ю	А	І	Е
Т	І	А	И	Й	И	Ш	Й	К	А	Д	Н	С	С	Л	В
Ч	Е	С	Н	И	Й	В	И	М	И	Б	Ь	Ш	Н	Ь	И
Ґ	А	Ґ	Ч	Н	И	Л	Н	Ж	А	Й	Л	Ц	И	Н	Н
С	Щ	Ю	И	З	В	Р	Н	И	Ш	С	А	И	Й	И	Н
Е	В	Ц	Т	Е	А	Ф	І	Ю	Й	Щ	Е	Ч	В	Й	И
Р	Л	Х	А	Ч	Р	Ч	Ц	И	Ш	І	Д	І	Т	И	Й
Й	Н	Ч	М	И	К	Ю	Ь	І	У	І	І	Н	П	Й	Й
О	Ф	Р	О	Л	С	А	Б	С	О	Л	Ю	Т	Н	И	Й
З	М	Р	Р	Е	Я	Щ	Е	Д	Р	И	Й	І	Ь	Н	О
Н	Д	О	А	В	М	О	Л	О	Д	И	Й	Б	Х	М	Ю
И	В	А	Ж	Л	И	В	И	Й	Х	К	Л	М	Я	Е	Ю
Й	И	К	Ж	А	В	К	У	Ю	Н	Я	А	А	Ж	Т	Р

АБСОЛЮТНИЙ
АКТИВНИЙ
АМБІТНІ
АРОМАТИЧНИЙ
ПРИВАБЛИВИЙ
ЯСКРАВИЙ
ВЕЛИЧЕЗНИЙ
ЩЕДРИЙ
ВЕЛИКИЙ
ЧЕСНИЙ
ВАЖЛИВИЙ
НЕВИННИЙ
МОЛОДИЙ
ПОВІЛЬНИЙ
СУЧАСНИЙ
ТЕМНИЙ
ІДЕАЛЬНИЙ
ВАЖКИЙ
СЕРЙОЗНИЙ
ЦІННИЙ

27 - Familia

Д	Я	Д	Ь	К	О	Щ	Щ	Д	С	Ц	Т	П	О	Е	М
П	А	К	Ч	О	Д	Ф	Щ	Ж	Т	Р	Х	Л	Н	Ь	А
Е	Т	О	Ш	Л	К	І	В	О	Л	О	Ч	Е	У	О	Т
П	С	Д	Ь	Л	М	Ч	Д	К	Ґ	Є	Г	М	К	Г	Е
Ґ	М	Е	Є	Б	Ж	Ч	Е	Ь	Ь	Ю	П	І	Г	Я	Р
П	Ь	Р	І	П	Д	Ш	Б	Т	Ц	Ж	Я	Н	Ю	Н	И
А	Л	П	І	Ґ	У	Ч	Ж	А	Х	Ш	О	Н	Т	К	Н
П	Щ	Е	М	Ґ	Ц	М	К	Б	Б	Х	В	И	І	Ґ	С
Е	Ґ	Я	М	Є	У	С	У	Е	І	У	Т	К	Т	Я	Ь
Ю	М	Ь	Р	І	А	І	З	Е	Ш	Ф	С	Ж	К	Ж	К
О	Ь	Д	Д	Р	Н	Е	Е	І	Л	Д	Н	Я	А	Л	И
Ч	Я	Х	И	В	И	Н	Н	Х	Ц	И	И	Т	А	М	Й
Л	Ш	К	Т	Ю	Ж	Ч	И	Ш	Ш	У	Т	А	Л	Ц	И
Ч	М	О	И	Ш	У	Н	Т	Ц	В	Р	И	Р	Т	Х	Е
И	Ф	Ж	Н	О	Р	С	І	Н	Я	С	Д	Б	Д	Є	Ш
Е	Щ	А	А	С	Д	Ґ	Д	С	Е	С	Т	Р	А	Ц	Ь

БАБУСЯ
ДІД
ПРЕДОК
ДРУЖИНА
СЕСТРА
БРАТ
ДОЧКА
ДИТИНСТВО
МАТИ
ЧОЛОВІК
МАТЕРИНСЬКИЙ
ОНУК
ДИТИНА
ДІТИ
БАТЬКО
КУЗЕН
ПЛЕМІННИЦЯ
ПЛЕМІННИК
ТІТКА
ДЯДЬКО

28 - Disciplinas Científicas

Я	Ь	Н	Я	І	М	О	Н	О	Р	Т	С	А	В	Л	М
Я	Ж	О	Ґ	Ж	Ч	Е	Б	Н	Ф	Ц	О	К	Б	Ю	І
І	И	Г	Т	П	М	Ш	І	Ґ	Ф	Х	Ц	І	Л	Ю	Н
М	М	Л	А	Ж	К	П	О	П	М	М	І	Н	І	И	Е
І	Ж	У	Е	Щ	Ж	С	Л	С	І	Ж	О	А	Н	А	Р
Х	Б	Х	Н	Ш	Х	А	О	Є	В	Р	Л	Т	Г	Я	А
О	Д	Ь	Т	О	П	Н	Г	П	Ф	П	О	О	В	І	Л
І	Я	І	Г	О	Л	О	І	З	І	Ф	Г	Б	І	Г	О
Б	І	Ф	Ь	Я	Б	О	Я	Р	Щ	Ч	І	Р	С	О	Г
Щ	Г	У	Г	Б	Ц	І	Г	Я	Н	К	Я	Ф	Т	Л	І
А	О	С	Д	Я	Т	Ґ	Щ	І	В	Є	М	С	И	О	Я
Л	Л	Ь	Ш	Є	Н	Ц	Г	М	Я	І	Щ	К	К	Е	І
О	О	Е	К	О	Л	О	Г	І	Я	Д	Т	Ж	А	Х	Ф
Ц	Е	Я	І	Г	О	Л	О	Х	И	С	П	І	Є	Р	Ґ
Щ	Г	Т	Е	Р	М	О	Д	И	Н	А	М	І	К	А	Щ
Н	Е	В	Р	О	Л	О	Г	І	Я	О	Ш	Н	Ф	К	И

АРХЕОЛОГІЯ
АСТРОНОМІЯ
БІОЛОГІЯ
БІОХІМІЯ
БОТАНІКА
ЕКОЛОГІЯ
ФІЗІОЛОГІЯ
ГЕОЛОГІЯ
ІМУНОЛОГІЯ
ЛІНГВІСТИКА
МІНЕРАЛОГІЯ
НЕВРОЛОГІЯ
ПСИХОЛОГІЯ
ХІМІЯ
СОЦІОЛОГІЯ
ТЕРМОДИНАМІКА

29 - Cocina

Р	Л	Л	О	Ц	И	Т	Ф	Ш	І	Р	І	С	О	Р	Р
Ґ	І	О	Ю	І	В	Е	П	Щ	Ф	Н	Є	Р	В	С	М
Н	П	Ж	Ш	И	Б	Г	Л	Е	К	И	Н	Й	А	Ч	Щ
Р	Е	К	И	Ч	Е	Л	Г	О	Ц	И	Є	Ч	К	Ж	Л
У	Н	И	А	Б	С	Щ	Б	Е	Є	Е	М	Ч	Б	Р	Ї
В	С	П	Е	Ц	І	Ї	О	В	Є	Ш	Р	Я	У	Ж	И
М	О	Р	О	З	И	Л	Ь	Н	И	К	М	Х	Г	І	М
В	П	Х	О	Л	О	Д	И	Л	Ь	Н	И	К	П	І	Ч
І	Ц	А	С	Е	Р	В	Е	Т	К	А	Д	Ш	Р	Ч	Н
Л	Х	С	Л	Ч	А	Ш	К	И	С	О	Ш	М	Т	А	У
Н	О	Ж	І	И	Ф	А	Р	Т	У	Х	О	І	Т	Ш	І
Г	Р	И	Л	Ь	Ч	Ж	Я	Є	Е	Ф	П	Щ	А	А	І
Т	Ф	Х	Ь	Ь	Є	К	Н	Р	Б	В	А	Ь	Ш	О	Р
П	І	С	Е	Х	Н	Є	А	К	Б	Ґ	Р	Б	Л	Н	С
К	А	У	Я	Б	Г	М	А	М	И	Р	І	Т	І	Г	Ф
Ж	В	И	Л	К	И	С	А	А	И	Щ	Ю	Н	О	В	Х

ЧАЙНИК
ЇЖА
МОРОЗИЛЬНИК
ЛОЖКИ
НОЖІ
ФАРТУХ
СПЕЦІЇ
ГУБКА
ПІЧ
ГЛЕЧИК
ПАЛИЧКАМИ
ГРИЛЬ
РЕЦЕПТ
ХОЛОДИЛЬНИК
СЕРВЕТКА
ГЛЕК
ЧАШКИ
ЧАША
ВИЛКИ

30 - Electricidad

П	О	З	И	Т	И	В	Н	И	Й	М	А	Г	Н	І	Т
І	У	К	М	Ф	Б	Е	Я	Г	А	Е	В	Є	Я	М	Ц
Ц	Ж	Я	Н	Н	А	Г	І	Р	Е	Б	З	Я	Е	М	И
У	М	Г	Е	Н	Е	Р	А	Т	О	Р	Й	К	Н	П	Х
Я	Г	Щ	Ь	Р	К	Ж	Я	К	А	Е	И	И	Т	Р	Е
Ч	П	М	Т	И	А	Щ	Н	Є	К	Г	Н	Р	Щ	Г	Н
Є	Ю	Ц	С	Л	Є	Т	Н	Б	Г	Н	Ч	Т	К	Ж	Е
Ц	Ґ	Щ	І	Ь	Г	Ю	А	О	Т	В	И	К	Р	С	Г
Г	Ь	Б	К	Ч	Є	Н	Н	Б	М	Е	Р	Е	Ж	А	А
Ь	Ш	Ц	Ь	У	Ф	П	Д	Т	Е	П	Т	Л	Ф	К	Т
Л	Р	Я	Л	А	М	П	А	И	К	І	К	Е	Ж	Т	И
Е	А	Ш	І	С	Р	Ю	Л	Р	М	Ш	Е	Щ	О	Е	В
Б	К	З	К	К	Ч	Н	Б	И	Т	М	Л	Щ	О	З	Н
А	Є	С	Е	Є	А	Н	О	Ф	Е	Л	Е	Т	Ц	О	И
К	А	Т	Ш	Р	Б	Д	Р	О	Т	И	П	Ґ	В	Р	Й
Т	Е	Л	Е	Б	А	Ч	Е	Н	Н	Я	Ш	П	П	М	У

ЗБЕРІГАННЯ
БАТАРЕЯ
КАБЕЛЬ
ДРОТИ
КІЛЬКІСТЬ
ЕЛЕКТРИК
ЕЛЕКТРИЧНИЙ
РОЗЕТКА
ОБЛАДНАННЯ
ГЕНЕРАТОР
МАГНІТ
ЛАМПА
ЛАЗЕР
НЕГАТИВНИЙ
ОБ'ЄКТ
ПОЗИТИВНИЙ
МЕРЕЖА
ТЕЛЕБАЧЕННЯ
ТЕЛЕФОН

31 - Salud y Bienestar #1

Є	Р	А	К	І	Л	Е	Е	В	У	П	У	Є	Щ	Я	Щ
К	Г	К	П	Л	Л	Т	І	И	А	А	И	Е	Ґ	Є	У
Х	О	Т	Д	О	Л	О	Г	С	Ж	Г	Ф	К	Ь	Ю	Є
Б	Р	И	Г	А	С	С	А	О	Р	Е	Ф	Л	Е	К	С
Т	М	В	Є	Л	Д	Т	А	Т	Я	А	Ц	Т	Ц	Б	Н
С	О	Н	У	Ш	С	Ю	А	А	Н	Х	Д	Є	Б	А	М
Л	Н	И	З	Я	М	Н	Р	В	Н	Г	Е	Б	Р	К	Е
З	И	Й	Ю	С	Н	Я	І	П	А	Р	Е	Т	П	Т	Д
П	В	К	І	С	Т	К	И	Х	В	К	О	Ж	Ю	Е	И
Е	Ф	И	И	П	И	В	Х	А	У	П	Е	А	М	Р	Ц
Р	Ш	С	Ч	Я	О	І	Щ	Ґ	К	А	І	Т	И	І	И
Е	Ц	Є	Л	К	Е	Р	Ф	А	І	Р	Ф	Г	П	Ї	Н
Л	І	У	Е	Я	А	У	Л	К	Л	І	Н	І	К	А	А
О	Е	Б	Ч	Є	Г	С	Н	А	Р	К	Я	Я	У	У	Л
М	У	Я	Ц	Ч	Ч	С	Л	Ч	М	Ш	У	Ф	Г	Ґ	І
Р	О	З	С	Л	А	Б	Л	Е	Н	Н	Я	Б	Ь	Ф	Ф

АКТИВНИЙ
ВИСОТА
БАКТЕРІЇ
КЛІНІКА
ЛІКАР
АПТЕКА
ПЕРЕЛОМ
ГОЛОД
ЗВИЧКА
ГОРМОНИ
КІСТКИ
МЕДИЦИНА
М'ЯЗИ
ШКІРА
ПОСТАВА
РЕФЛЕКС
РОЗСЛАБЛЕННЯ
ТЕРАПІЯ
ЛІКУВАННЯ
ВІРУС

32 - Adjetivos #2

С	О	Л	О	Д	К	И	Й	И	Х	У	С	Н	Ґ	Н	Ф
Щ	И	Е	Є	В	Я	Є	Д	Ґ	Е	А	А	К	Ю	И	І
Ґ	А	У	Т	Ц	П	Ь	Т	Д	И	Ц	И	Г	Ш	П	Б
В	Н	О	В	И	Й	Л	О	Ґ	Й	И	Р	Т	С	О	Г
Б	Є	Щ	Е	Й	И	Н	Ь	Л	И	С	Я	П	Д	Н	Т
Г	О	Р	Д	И	Й	Ґ	Ф	Я	Н	Б	Ч	Р	Р	Ґ	Ю
О	П	И	С	О	В	И	Й	С	Т	Й	І	И	А	Є	Ш
П	Р	О	Д	У	К	Т	И	В	Н	И	Й	Р	М	Т	Є
К	И	П	Я	Є	Л	И	В	И	А	В	И	О	А	П	В
Б	К	Є	Ж	Х	Ь	Л	О	М	Г	А	Ч	Д	Т	Б	І
Р	І	И	Г	Н	Е	Ь	Р	О	Е	К	Р	Н	И	Н	Д
Р	Г	У	И	Ф	П	Ф	О	Т	Л	І	О	И	Ч	Ш	О
М	У	Х	Я	Б	А	Д	Д	В	Е	Ц	В	Й	Н	Х	М
Ю	У	О	Щ	І	Ж	Ю	З	В	Ж	Н	Т	Б	І	Х	И
Ї	С	Т	І	В	Н	И	Й	С	О	Л	О	Н	И	Й	Й
Н	О	Р	М	А	Л	Ь	Н	И	Й	И	Ж	І	В	С	Ь

ВТОМИВСЯ
ЇСТІВНИЙ
ТВОРЧИЙ
ОПИСОВИЙ
ДРАМАТИЧНІ
СОЛОДКИЙ
ЕЛЕГАНТНИЙ
ВІДОМИЙ
СВІЖИЙ
СИЛЬНИЙ

ЦІКАВИЙ
ПРИРОДНИЙ
НОРМАЛЬНИЙ
НОВИЙ
ГОРДИЙ
ГОСТРИЙ
ПРОДУКТИВНИЙ
СОЛОНИЙ
ЗДОРОВИЙ
СУХИЙ

33 - Cuerpo Humano

Ю	П	В	Л	А	Г	О	Н	Н	Р	М	К	Д	С	Т	Ц
П	І	Д	Б	О	Р	І	Д	Д	Я	О	Ю	Б	Ь	Г	Т
Ґ	Є	Ь	Р	І	Г	І	Р	Г	К	З	Ф	Щ	Щ	Б	А
О	Б	Л	И	Ч	Ч	Я	К	Е	В	О	Р	К	Х	В	Ґ
Ю	Ю	О	Ю	Ь	Л	Ч	Г	Ш	О	К	А	І	Щ	Щ	Д
Ж	Ґ	Щ	А	Ґ	О	Ч	Ж	М	Є	Т	Ч	Г	И	А	Е
Р	Ю	Є	Ш	Я	О	П	Ш	О	С	Я	Ф	І	К	В	О
Ф	Ґ	М	М	Ю	Я	Щ	О	Д	М	З	С	Х	О	Л	П
Ч	П	Є	Ю	В	А	Ґ	Ж	Б	П	И	Х	П	Л	А	Н
Е	Е	П	Т	С	Б	Н	Т	Б	Щ	К	Ж	А	О	В	І
П	П	Ч	А	У	Б	Р	Т	Ц	Ґ	Х	Т	Е	Т	Д	С
П	Ь	О	Н	Л	Є	Г	Ґ	А	Ш	О	К	О	К	М	Б
О	К	Ф	І	Р	Е	Ч	Е	Л	П	И	Л	В	И	В	Х
Ч	Ж	Ц	Л	У	Е	Ц	Р	Е	С	Г	Я	В	У	Х	О
Л	Ь	Т	О	К	І	Л	Ь	Т	Р	О	Т	Л	Н	Ь	Ґ
Є	О	Ж	К	А	Г	О	Л	О	В	А	А	А	Я	Щ	С

ПІДБОРІДДЯ
РОТ
ГОЛОВА
ОБЛИЧЧЯ
МОЗОК
ЛІКОТЬ
СЕРЦЕ
ШИЯ
ПАЛЕЦЬ
ПЛЕЧЕ
ЯЗИК
РУКА
НІС
ОКО
ВУХО
ШКІРА
НОГА
КОЛІНА
КРОВ
ЩИКОЛОТКИ

34 - Calentamiento Global

Д	Е	К	И	Е	Е	Я	Ц	Щ	Ц	Ь	С	Б	Я	З	Ю
У	А	Л	К	Й	И	Н	Ч	И	Т	К	Р	А	Щ	А	В
Р	О	Н	Д	И	Р	Н	Е	Ж	Л	Ч	І	Ф	З	Р	Ґ
Я	Ф	У	І	Н	У	І	Т	Р	Е	П	И	П	А	А	Г
Д	К	Е	Л	Д	Т	Л	Ґ	Ю	Г	М	О	Р	К	З	А
Х	Р	Ц	С	О	А	О	Р	И	Д	І	Ф	О	О	Д	З
К	И	Ґ	А	Р	Р	К	Р	У	Ф	Л	Я	М	Н	В	Л
Е	З	Ґ	Н	А	Е	О	Д	П	С	Ю	Н	И	О	Г	Ч
И	А	Б	Я	Н	П	П	С	И	У	Ґ	Н	С	Д	М	Ч
С	Х	У	Л	Ж	М	Т	Р	С	В	Я	Е	Л	А	А	Х
М	Ч	Ю	Ч	І	Е	К	Ц	І	А	Є	Л	О	В	Й	Л
Ш	К	С	М	М	Т	Ґ	Л	М	Г	Ь	Е	В	С	Б	Ж
Р	В	Ч	Е	Н	И	Й	Ш	І	А	Є	С	О	Т	У	Щ
Щ	Б	Р	Е	Ь	Т	Ж	І	Ґ	М	П	А	С	В	Т	Ш
Е	К	О	Л	О	Г	І	Ч	Н	І	А	Н	Т	О	Н	Л
Р	О	З	В	И	Т	О	К	Ж	Ь	І	Т	І	Г	Є	Ґ

ЗАРАЗ
ЕКОЛОГІЧНІ
УВАГА
АРКТИЧНИЙ
ВЧЕНИЙ
КЛІМАТ
НАСЛІДКИ
КРИЗА
ДАНІ
РОЗВИТОК
ЕНЕРГІЯ
МАЙБУТНЄ
ГАЗ
ПОКОЛІННЯ
УРЯД
ПРОМИСЛОВОСТІ
МІЖНАРОДНИЙ
ЗАКОНОДАВСТВО
НАСЕЛЕННЯ
ТЕМПЕРАТУРИ

35 - Ciencia

Є	Я	В	Г	А	Ч	Ґ	Ж	С	Р	Ч	Ф	Х	Е	Ь	Г
Е	У	Ч	Р	Д	Т	А	М	Р	Р	Р	І	І	В	К	І
Ц	Х	Е	А	О	Н	О	С	Д	А	М	З	М	О	Щ	П
Ґ	Н	Н	В	Р	Е	М	М	Т	Ч	З	И	І	Л	Ш	О
Ж	К	И	І	И	М	О	О	К	И	І	К	Ч	Ю	Я	Т
И	К	Й	Т	Р	И	Л	Т	А	Л	Н	А	Н	Ц	Л	Е
Д	П	Е	А	П	Р	Е	Н	Ф	А	А	К	І	І	А	З
К	У	Х	Ц	Д	Е	К	Ф	А	Р	Г	Щ	И	Я	Б	А
Х	Л	Ю	І	Ж	П	У	Щ	Ч	Е	Р	Д	Н	Е	О	Ж
Щ	Ч	І	Я	Ґ	С	Л	Т	І	Н	О	Щ	И	У	Р	Т
К	Д	Н	М	Є	К	И	Ч	Ю	І	О	І	Л	А	А	М
І	Ь	А	К	А	Е	Б	В	Х	М	Т	Ґ	С	Д	Т	Ь
Р	Щ	Д	Д	О	Т	Е	М	У	І	К	Е	О	С	О	Б
В	И	К	О	П	Н	И	Й	Р	К	Ю	М	Р	П	Р	Р
Р	Б	Д	Х	В	С	Т	Ш	Г	О	Ф	Ж	І	Е	І	Е
Ґ	У	Т	І	Ф	К	Е	И	Щ	В	Ц	Ц	Д	Б	Я	С

АТОМ
ВЧЕНИЙ
КЛІМАТ
ДАНІ
ЕВОЛЮЦІЯ
ЕКСПЕРИМЕНТ
ФІЗИКА
ВИКОПНИЙ
ГРАВІТАЦІЯ
ФАКТ
ГІПОТЕЗА
ЛАБОРАТОРІЯ
МЕТОД
МІНЕРАЛИ
МОЛЕКУЛИ
ПРИРОДА
ОРГАНІЗМ
ЧАСТИНКИ
РОСЛИНИ
ХІМІЧНІ

36 - Restaurante #2

О	Х	К	О	Є	Б	Е	Д	Ч	Ґ	У	К	С	А	Р	Є
Ф	Ш	М	Б	В	Ц	М	К	В	И	Б	І	П	Т	В	В
І	Є	Я	І	Х	Ь	О	О	Р	Л	Я	Р	Е	Ч	Е	В
Ц	В	Д	Д	Щ	Р	Л	І	Д	С	Л	Я	Ц	Й	Я	О
І	И	С	Е	Н	Ь	С	І	Ж	Д	У	Л	І	І	Я	Д
А	Л	С	А	Я	Ц	І	Ч	С	Р	Ш	П	Ї	П	И	А
Н	К	Е	Л	Х	Ф	Р	О	К	Т	В	Щ	В	А	Я	Б
Т	А	Ю	С	Ь	Я	К	В	Ч	П	Г	Ґ	С	Н	С	И
А	Р	С	М	Ь	Ь	Ю	О	И	А	Щ	І	Ь	Б	Г	Р
Л	О	Ь	А	Я	Ь	Ґ	Н	Ь	Н	Ж	И	М	Ц	І	Л
А	Ж	Д	Ч	К	Х	І	Я	К	Ф	Т	Т	Е	Ь	Ґ	Л
С	Л	Т	Н	Ф	К	О	Ф	І	Ш	Р	Ь	Ґ	Д	Ш	Т
П	О	Т	И	З	А	К	У	С	К	А	У	Ч	Д	Е	О
Ж	Ж	Ж	Й	О	Я	О	В	Р	Ш	Н	Л	К	Ц	Л	Р
П	К	Є	Ю	Ґ	Д	Я	Є	П	О	Є	Б	А	Т	П	Т
Ґ	А	Ж	Д	Б	Р	Ф	К	Т	Є	М	Р	Ц	Ж	А	Б

ВОДА
ОБІД
ЗАКУСКА
НАПІЙ
ОФІЦІАНТ
ВЕЧЕРЯ
ЛОЖКА
СМАЧНИЙ
САЛАТ
СПЕЦІЇ
ФРУКТ
ЛІД
ЯЙЦЯ
ТОРТ
РИБА
СІЛЬ
КРІСЛО
СУП
ВИЛКА
ОВОЧІ

37 - Profesiones #1

П	Ф	М	І	К	И	А	Д	В	О	К	А	Т	Ш	Б	П
К	І	Я	И	В	Е	Т	Е	Р	И	Н	А	Р	Ґ	П	О
Ц	С	А	І	С	Е	Ж	С	Ш	М	О	І	Г	М	Ш	С
М	П	Т	Н	Г	Л	К	Р	А	Л	Т	П	Д	Ч	Щ	О
Е	О	А	А	І	Ь	И	П	С	И	Х	О	Л	О	Г	Л
Д	Р	Н	С	П	С	Т	В	Р	О	Т	К	А	Д	Е	Р
С	Т	Ц	Т	Ґ	Ь	Т	Ч	Е	О	У	И	С	Г	М	І
Е	С	Ю	Р	М	Ж	К	Е	Н	Ц	В	Н	А	Ч	У	Л
С	М	Р	О	Д	В	А	Ч	Е	Г	Ь	Ж	Н	Є	З	Е
Т	Е	И	Н	А	Ч	Р	Н	Р	Т	Л	Е	Т	О	И	В
Р	Н	С	О	Д	Л	Т	Б	Т	С	Р	Ж	Е	Д	К	Ю
А	Ш	Т	М	Ґ	И	О	А	Л	Б	Ж	О	Х	Щ	А	О
Т	Г	О	Л	О	Е	Г	Н	Ц	І	Ц	П	Н	Д	Н	М
Ґ	Ґ	Ч	Л	В	О	Р	К	Р	А	К	Р	І	Щ	Т	Я
М	Л	Ґ	Л	Ь	М	А	І	Ь	У	П	А	К	Т	П	Ш
Є	Ю	Я	Щ	І	Д	Ф	Р	И	Є	Г	Р	Р	А	Н	К

АДВОКАТ
АСТРОНОМ
СПОРТСМЕН
ТАНЦЮРИСТ
БАНКІР
ПОЖЕЖНИК
КАРТОГРАФ
МИСЛИВЕЦЬ
ЛІКАР
РЕДАКТОР
ПОСОЛ
МЕДСЕСТРА
ТРЕНЕР
САНТЕХНІК
ГЕОЛОГ
ЮВЕЛІР
МУЗИКАНТ
ПІАНІСТ
ПСИХОЛОГ
ВЕТЕРИНАР

38 - Vehículos

В	Р	Ю	Г	Е	Щ	Ж	Ь	Щ	Ч	К	А	Т	І	Л	В
В	Е	У	Я	С	Щ	Ю	Л	П	М	А	С	Я	Ч	П	Е
Ж	А	Р	Щ	Р	Ю	Ш	І	О	Б	Р	Р	Р	Ф	Ґ	Л
К	Ю	Н	Т	Л	Ґ	У	Б	Р	Ш	А	Т	І	Б	Ч	О
О	Х	С	Т	О	Х	А	О	О	И	В	П	Я	Л	О	С
У	М	Ш	И	А	Л	Т	М	М	Н	А	Д	Ц	Е	В	И
Л	Є	Щ	Ш	І	Ж	І	О	Х	И	Н	Х	Ц	Л	Н	П
Щ	Ц	Ґ	Щ	С	Т	І	Т	А	К	О	Е	В	Р	И	Е
Щ	Ь	І	А	Я	Ш	И	В	Н	У	Г	И	В	Д	К	Д
Х	Л	Ю	С	У	Т	С	А	К	Ч	Р	Х	Ч	О	Е	П
Р	Ц	Ю	Р	А	К	Е	Т	А	А	У	Ґ	У	Р	Ч	У
Е	Ц	Ж	Я	П	Л	І	Т	Т	Н	Ф	А	Л	Т	С	К
Т	Р	А	К	Т	О	Р	О	А	И	И	Ь	Я	Е	Р	Ж
У	П	О	Ї	З	Д	Ґ	А	К	Ґ	Ю	Ф	Ж	М	Т	К
К	Ю	Ь	М	Г	Н	Ж	Л	С	У	Б	О	Т	В	А	У
С	Щ	Р	Е	Щ	С	Б	П	І	П	Ґ	Ц	Щ	Я	Ш	Ш

АВТОБУС
ЛІТАК
ПЛІТ
ЧОВЕН
ВЕЛОСИПЕД
ВАНТАЖІВКА
КАРАВАН
АВТОМОБІЛЬ
РАКЕТА
ПОРОМ
ФУРГОН
ВЕРТОЛІТ
ЧОВНИК
МЕТРО
ДВИГУН
ШИНИ
СКУТЕР
ТАКСІ
ТРАКТОР
ПОЇЗД

39 - Geometría

Щ	Г	Л	А	А	А	Ь	П	Й	А	И	Є	Й	Т	Ґ	Н
Ц	Х	О	П	Ґ	Щ	О	Р	М	І	Ф	Ф	И	Н	Щ	Ч
Л	П	Г	Ь	І	Я	Х	О	О	Ж	Ч	І	Н	Б	О	Х
Х	Ш	І	Ж	О	І	Е	П	В	О	Ч	Ф	Ь	В	Р	Я
Ф	Ц	К	И	Щ	Р	Ь	О	І	А	Ц	О	Л	С	И	Ч
В	Ю	А	Я	Ю	О	Р	Р	Р	А	Ш	П	Е	Я	К	Д
А	Н	А	І	Д	Е	М	Ц	Н	Т	Г	Ш	Л	Д	Р	Р
С	Є	О	Р	Є	Т	Ґ	І	І	О	Е	Ц	А	Е	И	П
А	Е	Я	Т	Д	Ю	Ь	Я	С	С	Щ	М	Р	Г	В	О
М	Е	Г	Е	М	І	О	О	Т	И	Ц	Ж	А	Р	А	В
Ю	Е	К	М	И	Є	Х	Я	Ь	В	П	Ґ	П	І	А	Е
Ц	К	У	И	Е	Р	І	В	Н	Я	Н	Н	Я	М	Д	Р
С	Л	Т	С	Ю	Н	Н	Ц	Р	Ж	Ц	Д	В	И	І	Х
Р	Ю	Ц	Ф	М	Ь	Т	Е	М	А	Г	Є	Ч	В	К	Н
Ь	П	У	І	Т	Р	И	К	У	Т	Н	И	К	Є	Ь	Я
М	Р	О	З	Р	А	Х	У	Н	О	К	Б	Ц	Р	Є	Х

ВИСОТА
КУТ
РОЗРАХУНОК
КРИВА
ДІАМЕТР
ВИМІР
РІВНЯННЯ
ЛОГІКА
МАСА
МЕДІАНА
ЧИСЛО
ПАРАЛЕЛЬНИЙ
ЙМОВІРНІСТЬ
ПРОПОРЦІЯ
СЕГМЕНТ
СИМЕТРІЯ
ПОВЕРХНЯ
ТЕОРІЯ
ТРИКУТНИК

40 - Vacaciones #2

Н	П	Ю	М	Ш	Т	Д	П	Ш	К	А	Д	Н	Л	Ґ	І
Ч	К	Ц	Ч	У	А	З	Ф	О	Г	Є	Ю	А	Н	Л	Н
Г	Ф	А	Б	Ґ	К	Ї	Ж	Ф	Д	Я	О	М	И	И	О
Ф	В	І	Р	Т	С	О	Ж	Щ	О	О	Е	Е	Х	Б	З
Б	В	У	Я	Т	І	П	Л	Т	Г	Т	Р	Т	Є	Р	Е
О	Д	Ґ	М	Р	А	И	Х	Р	І	П	О	О	Ґ	О	М
Р	Е	С	Т	О	Р	А	Н	О	П	Ґ	М	Т	Ж	Н	Е
П	Я	Ю	О	П	П	А	С	П	О	Р	Т	Ь	Я	Ю	Ц
М	Ч	О	В	О	Щ	А	Е	С	Л	Х	Ш	С	Л	В	Ь
Я	Я	Е	Ф	Р	Е	Т	А	Н	Г	Ф	С	С	П	А	В
Р	І	Д	С	Е	И	Ь	Ч	А	В	И	Ф	В	Х	Н	І
Д	И	Ю	Е	А	Ф	К	Ш	Р	Ц	В	Т	Я	У	Н	З
Н	Х	Е	Ж	Я	Н	Г	О	Т	Е	Л	Ь	Т	Є	Я	А
Д	О	З	В	І	Л	Л	Я	Ь	Б	Е	Ч	О	Щ	Є	Ф
П	Р	И	З	Н	А	Ч	Е	Н	Н	Я	О	Р	П	Е	Ц
Р	К	Ж	П	Я	И	Б	Р	И	Ґ	Ч	Ж	Ь	Щ	Ю	Х

АЕРОПОРТ
НАМЕТ
ПРИЗНАЧЕННЯ
ІНОЗЕМЕЦЬ
ФОТО
ГОТЕЛЬ
ОСТРІВ
КАРТА
МОРЕ
ДОЗВІЛЛЯ
ПАСПОРТ
ПЛЯЖ
БРОНЮВАННЯ
РЕСТОРАН
ТАКСІ
ТРАНСПОРТ
ПОЇЗД
СВЯТО
ПОДОРОЖ
ВІЗА

41 - Baile

Х	Ц	І	П	А	Б	Ш	Я	Т	П	У	Х	И	В	Т	П
Р	Ю	П	С	В	В	Д	І	Б	Ц	О	О	У	И	Р	В
М	Т	М	И	С	Т	Е	Ц	Т	В	О	Р	С	Р	А	К
Я	Я	І	Ц	О	М	Е	И	Є	Н	Є	Е	С	А	Д	С
Б	К	Д	Л	Щ	К	Ч	Т	И	Я	К	О	Є	З	И	П
Л	О	Ф	І	О	У	Л	Е	П	Р	Ш	Г	А	Н	Ц	А
А	Д	Ш	С	Ж	Л	К	П	Ф	Г	Т	Р	Р	И	І	Р
Г	Ж	Ш	Н	Н	Ь	А	Е	Ю	І	А	А	А	Й	Й	Т
О	А	Е	Я	М	Т	И	Р	Г	Ч	И	Ф	Д	В	Н	Н
Д	Й	И	Н	Р	У	Т	Ь	Л	У	К	І	І	П	И	Е
А	Б	П	Л	Ґ	Р	У	И	И	Ґ	Ф	Я	С	О	Й	Р
Т	О	О	Ж	Ц	А	М	У	З	И	К	А	Н	С	Ш	Е
Ь	К	Л	А	С	И	Ч	Н	И	Й	Є	Ц	И	Т	Б	Ш
Щ	Ж	А	К	А	Д	Е	М	І	Я	Ж	Л	Й	А	Г	Ж
Ю	Б	О	І	Й	И	Н	Ь	Л	А	У	З	І	В	М	Т
Ш	Р	Д	В	Ц	Н	Ф	У	Ш	Е	Ш	Г	И	А	Ж	Х

АКАДЕМІЯ
РАДІСНИЙ
МИСТЕЦТВО
КЛАСИЧНИЙ
ХОРЕОГРАФІЯ
ТІЛО
КУЛЬТУРА
КУЛЬТУРНИЙ
ЕМОЦІЯ
РЕПЕТИЦІЯ
ВИРАЗНИЙ
БЛАГОДАТЬ
РУХ
МУЗИКА
ПОСТАВА
РИТМ
ПАРТНЕР
ТРАДИЦІЙНИЙ
ВІЗУАЛЬНИЙ

42 - Matemáticas

П	Є	Я	І	Р	Т	Е	М	О	Е	Г	Я	С	Б	О	Л
П	А	І	Ф	П	Б	К	Ж	К	Л	Ч	Б	Е	Є	Ш	С
О	Ц	Р	Т	Е	М	И	Р	Е	П	Б	І	Р	Ґ	Ф	В
К	Ч	Т	А	П	А	Р	А	Л	Е	Л	О	Г	Р	А	М
А	Ф	Е	Х	Л	Р	Т	П	Л	П	П	І	С	Д	Б	Ю
З	У	М	В	К	Е	В	Ж	У	Л	І	М	У	І	А	А
Н	Ґ	И	Р	И	Ф	Л	К	У	О	М	Г	М	А	Г	Ч
И	Ю	С	Г	Н	С	А	Ь	Ц	Щ	У	Ґ	А	М	А	Д
К	У	Л	Т	Т	К	Ґ	Ц	Н	А	М	Ж	Ю	Е	Т	Ж
Р	А	Д	І	У	С	Я	І	Ж	И	Т	У	К	Т	О	Ш
Т	Ф	А	Р	К	С	И	Р	Ц	А	Й	Г	У	Р	К	О
Щ	Р	П	К	И	Н	Т	У	К	О	М	Я	Р	П	У	Д
А	Щ	В	Ж	Р	І	В	Н	Я	Н	Н	Я	Е	Ю	Т	Ш
Щ	Ц	О	Г	Т	Я	Ч	Ь	Я	Ш	Г	О	К	Ц	Н	Ь
Д	Е	С	Я	Т	К	О	В	И	Й	А	О	Ґ	І	И	Ц
Р	Б	Н	А	Р	И	Ф	М	Е	Т	И	К	А	В	К	Е

АРИФМЕТИКА
КУТИ
ОКРУГ
ПЛОЩА
ДЕСЯТКОВИЙ
ДІАМЕТР
РІВНЯННЯ
СФЕРА
ПОКАЗНИК
ГЕОМЕТРІЯ

ПАРАЛЕЛЬНИЙ
ПАРАЛЕЛОГРАМ
ПЕРИМЕТР
БАГАТОКУТНИК
РАДІУС
ПРЯМОКУТНИК
СИМЕТРІЯ
СУМА
ТРИКУТНИК
ОБСЯГ

43 - Restaurante #1

Я	О	Г	К	А	С	И	Р	Ї	Л	Ц	П	Ч	Т	Б	Т
И	Ф	С	О	Т	В	Ч	М	Ж	Ф	Б	М	А	Х	Ф	А
Ж	І	Н	Л	С	Ю	П	Е	А	С	В	Д	Ш	Л	П	Р
Ь	Ц	Є	Ж	У	Т	Т	Н	К	А	В	А	А	І	Б	І
Я	І	О	П	О	В	Р	Ю	І	Н	І	К	А	Б	Ж	Л
М	А	Х	Г	С	Р	Е	И	К	У	Х	Н	Я	П	К	К
Л	Н	Я	Я	Т	Н	С	Х	Й	Ш	Ж	Т	Ф	Ц	Ш	А
Л	Т	І	Н	Г	Р	Е	Д	І	Є	Н	Т	И	К	Д	Ш
Ґ	К	Г	Н	С	Б	Д	М	Я	С	О	А	В	Ц	Щ	Ч
Б	А	Р	А	О	Е	В	Ю	Е	Х	Ж	Ф	Є	Щ	Ф	Т
У	К	Е	В	К	Є	Р	Ю	І	Є	С	М	О	Л	П	І
Ю	Т	Л	Ю	Ч	У	Є	В	Ю	М	Ф	Є	Р	А	Ц	В
И	Я	А	Н	М	Д	Р	П	Е	Д	О	У	М	Д	Е	П
Я	Х	Р	О	У	К	Б	К	С	Т	Р	Т	Б	Ґ	І	І
Щ	Д	И	Р	Н	Х	Ч	Т	А	Ф	К	Т	С	Щ	И	Н
Ґ	О	А	Б	В	Ш	Ю	Щ	Г	Ч	Є	А	Є	І	О	Ж

АЛЕРГІЯ
КАВА
КАСИР
ОФІЦІАНТКА
М'ЯСО
КУХНЯ
ЇЖА
НІЖ
ІНГРЕДІЄНТИ
МЕНЮ
ХЛІБ
ГОСТРИЙ
ТАРІЛКА
КУРКА
ДЕСЕРТ
БРОНЮВАННЯ
СОУС
СЕРВЕТКА
ЧАША

44 - Profesiones #2

В	Б	Л	Х	Ш	Б	Ц	Ґ	Ф	О	Т	О	Г	Р	А	Ф
Ч	І	В	І	Є	Н	С	У	Н	Ц	Г	О	Л	О	І	Б
И	Б	И	Ж	К	З	О	О	Л	О	Г	Б	Л	Х	І	Б
Т	Л	Н	Ц	Г	А	Ф	Є	Б	Ґ	А	И	Ь	І	Є	Г
Е	І	А	Т	Ш	О	Р	Ф	Р	Ґ	П	Н	Л	Р	П	С
Л	О	Х	Д	Я	Ь	Г	О	Л	О	Т	А	М	О	Т	С
Ь	Т	І	Н	К	И	Н	Д	І	Л	С	О	Д	Т	В	Я
Д	Е	Д	Ж	Щ	Д	Р	Е	Н	Е	Ж	Н	І	А	А	Є
О	К	Н	І	Т	Ж	Я	Т	Г	Д	С	С	І	Р	Н	Ф
Х	А	И	С	І	М	І	А	В	Е	Щ	А	Ц	Т	О	І
Я	Р	К	П	І	Є	С	В	І	Т	Х	Д	Щ	С	Р	Л
Х	У	Д	О	Ж	Н	И	К	С	Е	І	І	М	Ю	Т	О
А	М	О	У	Ц	Ґ	О	О	Т	К	Р	В	Л	Л	С	С
Ж	У	Р	Н	А	Л	І	С	Т	Т	У	Н	Ґ	І	А	О
Ч	Н	Р	У	У	С	Ю	Е	М	И	Р	И	Є	Ь	В	Ф
Д	Ш	Т	И	Є	Ц	Ж	Л	У	В	Г	К	Щ	Л	Ж	Г

АСТРОНАВТ
БІБЛІОТЕКАР
БІОЛОГ
ХІРУРГ
СТОМАТОЛОГ
ДЕТЕКТИВ
ФІЛОСОФ
ФОТОГРАФ
ІЛЮСТРАТОР
ІНЖЕНЕР
ВИНАХІДНИК
ДОСЛІДНИК
САДІВНИК
ЛІНГВІСТ
ЛІКАР
ЖУРНАЛІСТ
ПІЛОТ
ХУДОЖНИК
ВЧИТЕЛЬ
ЗООЛОГ

45 - Naturaleza

П	Ь	М	Й	Ґ	Р	Д	Л	Ц	С	Ц	Л	Х	Л	Ґ	А
Х	У	О	И	І	І	И	Б	І	С	Ф	И	Г	Ь	Д	Р
О	Ю	С	Н	Щ	Ч	К	Х	Я	Л	У	С	Г	Ж	Ц	К
Х	Д	П	Т	С	К	И	Б	І	У	Е	Т	М	Б	Д	Т
О	Ґ	Т	О	Е	А	Й	Я	З	Н	Л	Я	С	У	Ґ	И
Ґ	І	Ш	Б	Щ	Л	Д	К	О	Л	У	Т	И	Р	П	Ч
О	Г	Щ	Р	И	І	Я	И	Р	П	Г	Л	Ґ	Ч	Ч	Н
В	М	К	У	Л	Ж	Г	В	Е	Щ	Р	П	Р	Ж	У	И
Ж	Н	П	Т	И	Д	И	О	Д	М	В	Ю	У	Є	Ґ	Й
Г	Є	Р	З	Т	Б	Ь	Д	Р	Д	Ю	Ч	О	Е	Є	С
О	М	С	Е	Я	Ф	М	О	Є	И	Р	А	М	Х	Н	Ф
Т	И	В	Б	В	Х	Т	Ь	Я	Т	К	Р	А	С	А	Н
Ц	Р	В	Я	С	Г	Б	Л	У	В	Г	Я	Ч	П	М	У
Ж	Н	И	Р	А	В	Т	Ь	Щ	У	Б	Л	Х	Б	У	Ч
В	О	Д	И	Н	А	М	І	Ч	Н	И	Й	І	Б	Т	Ь
Т	Р	О	П	І	Ч	Н	И	Й	Ю	В	Р	Х	С	Ц	І

БДЖІЛ
ТВАРИН
АРКТИЧНИЙ
КРАСА
ЛІС
ПУСТЕЛЯ
ДИНАМІЧНИЙ
ЕРОЗІЯ
ЛИСТЯ
ЛЬОДОВИК
ГОРИ
ТУМАН
ХМАРИ
МИРНО
ПРИТУЛОК
РІЧКА
ДИКИЙ
СВЯТИЛИЩЕ
БЕЗТУРБОТНИЙ
ТРОПІЧНИЙ

46 - Conduciendo

А	В	А	М	В	А	М	Ь	Л	А	Г	Г	Ю	Щ	Ф	И
К	В	А	Н	Н	Х	В	М	О	Т	О	Ц	И	К	Л	Г
Е	С	Т	Н	А	Т	Р	А	К	П	П	Т	Т	Г	П	Ґ
П	Р	Р	О	Т	О	М	Х	Р	М	К	Р	Р	А	Л	П
З	А	Г	Б	М	А	М	У	Г	І	П	А	А	Р	Ч	А
Е	У	Л	Ґ	Б	О	Ж	Б	П	Ю	Я	Ф	Н	А	И	Л
Б	Щ	Р	Т	Г	Ю	Б	І	Я	С	Д	І	С	Ж	Л	И
П	І	Ш	О	Х	І	Д	І	В	Ц	І	К	П	В	Ц	В
І	Т	У	Н	Е	Л	Ь	Н	Л	К	Л	О	О	П	Д	О
Ш	В	И	Д	К	І	С	Т	Ь	Ь	А	І	Р	О	М	Ф
Е	У	М	Б	Щ	Я	Ч	Я	С	Т	Х	Ч	Т	Л	В	Ч
Г	И	С	Г	О	Ц	Н	Є	И	С	Н	М	У	І	Е	В
Є	Х	Щ	Б	Е	И	П	Ф	В	Ю	Ж	Х	Ч	Ц	Т	Л
Ф	Х	В	С	Д	Л	І	Ц	Е	Н	З	І	Я	І	У	В
В	Є	Н	П	Х	У	Р	С	Л	Ц	Ґ	Х	В	Я	Ь	Н
П	К	Т	Ц	Т	В	Н	Е	Б	Е	З	П	Е	К	А	Д

АВАРІЯ
ВУЛИЦЯ
ВАНТАЖІВКА
АВТОМОБІЛЬ
ПАЛИВО
ГАЛЬМА
ГАРАЖ
ГАЗ
ЛІЦЕНЗІЯ
КАРТА
МОТОЦИКЛ
МОТОР
ПІШОХІД
НЕБЕЗПЕКА
ПОЛІЦІЯ
БЕЗПЕКА
ТРАНСПОРТ
ТРАФІК
ТУНЕЛЬ
ШВИДКІСТЬ

47 - Ballet

В	Х	О	Р	Е	О	Г	Р	А	Ф	І	Я	Ь	М	О	А
Т	И	І	Ґ	В	Ь	Ш	Ґ	Д	С	Ґ	У	Я	Щ	І	Е
А	К	Р	Ж	М	Т	И	Р	У	Ґ	Н	О	І	Ґ	С	Б
Н	О	Т	А	Х	С	Ь	Ч	А	Ґ	С	П	Ц	Щ	Я	І
Ц	Р	С	Н	З	І	М	М	Р	Я	Г	Д	И	К	Т	Т
Ю	У	Е	И	Ь	Н	А	Ф	П	Р	А	К	Т	И	К	А
Р	Ш	К	Р	С	В	И	Ч	С	М	К	К	Е	С	Ц	К
И	Г	Р	Е	О	И	А	Й	Т	У	Ч	О	П	Н	Е	Ь
С	Й	О	Л	П	С	І	В	Ж	З	И	М	Е	Ь	Н	Ж
Т	І	У	А	Л	Н	С	Ф	В	И	В	П	Р	Т	Є	Ш
І	Н	Б	Б	Е	Е	Ш	Т	Х	К	А	О	М	Я	З	И
В	Ж	Ч	К	С	Т	Ґ	Ж	И	А	Н	З	П	У	І	Я
І	О	А	О	К	Н	В	Ю	У	Л	Я	И	И	Б	Ч	Н
С	Д	П	Г	И	І	И	Х	Л	И	Ь	Т	А	А	Т	Х
А	У	Д	И	Т	О	Р	І	Я	Ґ	О	О	Ь	М	Ш	Ґ
Р	Х	Т	Е	Х	Н	І	К	А	Б	Х	Р	Р	Я	Ґ	Б

ОПЛЕСКИ
ХУДОЖНІЙ
АУДИТОРІЯ
БАЛЕРИНА
ТАНЦЮРИСТІВ
КОМПОЗИТОР
ХОРЕОГРАФІЯ
РЕПЕТИЦІЯ
СТИЛЬ
ВИРАЗНИЙ
ЖЕСТ
НАВИЧКА
ІНТЕНСИВНІСТЬ
УРОКИ
М'ЯЗИ
МУЗИКА
ОРКЕСТР
ПРАКТИКА
РИТМ
ТЕХНІКА

48 - Fuerza y Gravedad

Л	Ш	Н	У	Ж	В	С	У	І	Ш	В	И	Л	П	В	Ч
Г	В	Б	Н	Е	Я	Л	С	К	Н	А	Б	Б	Л	Ю	Е
Я	И	Р	І	У	І	Ч	А	М	П	Г	П	А	А	Ж	В
Н	Д	Х	В	В	П	А	У	С	Д	А	Г	Р	Н	Ж	К
Н	К	И	Е	Ф	Ч	С	Х	Я	Т	Р	Е	Т	Е	Ж	Р
Е	І	Г	Р	Ь	І	Х	Ш	Є	Т	И	Ц	Ґ	Т	Л	Ш
Р	С	О	С	И	П	З	Ю	Я	И	Ч	В	А	Ч	Т	Ь
И	Т	І	А	Щ	Ю	С	И	Б	С	А	Я	О	Ф	Я	Ч
Ш	Ь	К	Л	Е	Д	Щ	А	К	К	Н	И	К	С	Т	А
З	В	Н	Ь	Ц	Е	Н	Т	Р	А	И	И	Ш	И	Т	К
О	П	Ш	Н	Д	И	Н	А	М	І	Ч	Н	И	Й	И	І
Р	Р	У	И	М	А	Г	Н	Е	Т	И	З	М	Ґ	Р	Н
Ф	Н	Б	Й	В	В	П	Я	Ф	У	Л	Б	Ш	Х	К	А
А	В	Щ	І	Т	Б	Л	У	Ш	Ч	Е	В	В	Я	Д	Х
В	І	С	Ь	Т	Ч	А	Г	О	Щ	В	Ь	Ш	Ф	І	Е
П	Т	Ф	Ь	Н	А	Т	С	Д	І	В	Р	Г	Р	В	М

ЦЕНТР
ВІДКРИТТЯ
ДИНАМІЧНИЙ
ВІДСТАНЬ
ВІСЬ
РОЗШИРЕННЯ
ФІЗИКА
ТЕРТЯ
ВПЛИВ
МАГНЕТИЗМ
ВЕЛИЧИНА
МЕХАНІКА
ОРБІТА
ВАГА
ПЛАНЕТ
ТИСК
ВЛАСТИВОСТІ
ЧАС
УНІВЕРСАЛЬНИЙ
ШВИДКІСТЬ

49 - Aventura

М	П	А	Ч	Р	Ж	І	С	Х	М	Т	Н	С	Ь	Ю	Р
П	А	Р	Ф	К	Г	Я	Ш	К	З	Т	Ф	И	Д	І	Х
О	К	Р	И	П	Р	И	З	Н	А	Ч	Е	Н	Н	Я	Ч
Д	Е	Я	Ш	Р	У	Ь	Т	С	І	Р	Б	О	Р	О	Х
О	П	Й	І	Р	О	Л	Д	Д	З	Д	А	И	А	Щ	П
Р	З	И	Б	Р	У	Д	Б	Т	У	У	М	У	М	Ж	І
О	Е	Н	Ц	І	А	Т	А	Б	Т	Ю	І	С	К	Л	Д
Ж	Б	Ч	Є	Ч	П	Ь	І	С	Н	Л	Л	Н	Я	Н	Г
І	Л	Е	У	Щ	Т	Ф	Т	А	Е	Н	О	В	И	Й	О
Ц	Т	П	Ш	Д	І	Я	І	С	Р	У	К	С	К	Е	Т
Н	Е	З	В	И	Ч	А	Й	Н	І	Д	Р	У	З	І	О
С	К	Е	Ш	Щ	Е	І	Т	А	А	Д	М	Щ	Ч	Ю	В
М	О	Б	В	И	И	Т	Р	Ш	Л	Ц	А	С	А	Р	К
Т	Ц	Е	Н	А	В	І	Г	А	Ц	І	Я	Р	Т	Н	А
И	Ч	Н	Т	Р	У	Д	Н	І	С	Т	Ь	У	Л	Т	Ч
Д	І	Я	Л	Ь	Н	І	С	Т	Ь	Ц	Т	Я	Ш	Ц	Ш

ДІЯЛЬНІСТЬ
РАДІСТЬ
ДРУЗІ
КРАСА
ПРИЗНАЧЕННЯ
ТРУДНІСТЬ
ЕНТУЗІАЗМ
ЕКСКУРСІЯ
НЕЗВИЧАЙНІ
МАРШРУТ
ПРИРОДА
НАВІГАЦІЯ
НОВИЙ
ШАНС
НЕБЕЗПЕЧНИЙ
ПІДГОТОВКА
БЕЗПЕКА
ХОРОБРІСТЬ
ПОДОРОЖІ

50 - Pájaros

Є	В	Е	Ш	Я	И	И	Ґ	Л	Е	Б	І	Д	К	А	П
Є	Н	О	Ж	І	Н	Я	Ь	Ф	Е	Я	Р	П	О	К	О
Л	Е	П	Р	Г	Ь	Ф	Є	І	Ц	Р	І	Я	О	Й	Я
Е	К	І	І	О	Ч	С	Ю	Ь	Й	О	О	Д	Ь	А	С
Ь	П	Н	Ч	Х	Н	У	Ш	Г	Я	Р	І	О	Ґ	Ч	Т
Ц	П	Г	Я	К	А	А	І	Ж	Б	Г	О	Л	У	Б	Р
Е	Ч	В	Д	Т	К	Р	Щ	Ф	О	Є	М	Х	И	И	У
Б	Ф	І	Л	Т	І	Т	П	О	Р	Г	С	С	Ч	Т	Б
О	В	Н	Ґ	Ш	Л	С	У	К	І	Ш	Ґ	М	К	Т	П
Р	А	Д	Ю	Є	Е	Ф	Л	А	М	І	Н	Г	О	У	Л
О	Ш	Т	Ц	А	П	Р	Д	Л	Ж	Ш	А	Я	Є	К	Е
Г	У	С	К	А	П	А	П	У	Г	А	К	Л	М	А	Л
О	Ю	О	Х	Ч	Ш	Ф	И	М	Т	Т	Ч	У	І	Н	Е
Ч	А	П	Л	Я	М	Х	Ш	Х	С	К	А	З	Р	П	К
В	С	В	У	Ю	Ь	Ш	Ю	М	Т	Ц	К	О	Л	К	А
Ґ	Ф	Є	Р	Є	П	Ц	Р	У	Ш	Р	П	З	В	Р	А

СТРАУС
ОРЕЛ
ЛЕЛЕКА
ЛЕБІДКА
ЗОЗУЛЯ
ВОРОНА
ФЛАМІНГО
ГУСКА
ЧАПЛЯ
ЧАЙКА

ГОРОБЕЦЬ
ЯСТРУБ
ЯЙЦЕ
ПАПУГА
ГОЛУБ
КАЧКА
ПЕЛІКАН
ПІНГВІН
КУРКА
ТУКАН

51 - Geografía

Ц	Д	Ж	Ь	Ю	Щ	П	Ю	С	Є	Т	Ш	Н	И	С	А
К	К	П	С	Ч	Е	Ч	І	Н	В	І	П	Т	Д	А	Т
О	О	Ь	А	Т	Р	А	К	В	У	В	Р	І	Ч	К	А
В	Т	Н	Л	М	Ф	Р	Ж	З	К	С	И	Б	Л	Л	К
Р	С	Е	Т	С	Г	О	Ь	А	Н	У	В	С	О	А	Б
Е	І	Д	А	И	П	Г	К	Х	Ю	Т	Л	Щ	О	Л	Е
Г	М	В	Н	Т	Н	Ц	Ц	І	Ж	П	О	Я	С	Т	Ґ
І	П	І	Ї	Е	А	Е	К	Д	Ш	И	Р	О	Т	А	А
О	П	П	А	Р	І	Р	Н	О	С	Т	Р	І	В	Ь	Ц
Н	П	Н	Р	И	Д	О	Х	Т	В	Ф	Б	Ж	М	Ч	Е
Л	Ю	С	К	Т	И	М	Д	О	В	Г	О	Т	А	Ч	Ш
О	С	А	П	О	Р	Ф	Ц	І	Т	М	Ш	Ю	Ц	І	С
І	Ж	Ч	Ц	Р	Е	Я	Я	Г	Ц	О	Щ	Ш	І	Ф	А
С	Г	Ь	Ь	І	М	Ф	И	М	Ь	Ф	Д	П	Ґ	М	Є
А	Щ	І	Я	Я	Ч	Л	Ю	Г	Е	С	Л	У	К	Я	О
И	Ш	У	Ю	И	Д	Щ	И	Б	У	Ц	Ж	Є	Л	Ф	Л

ВИСОТА
АТЛАС
МІСТО
КОНТИНЕНТ
ПІВКУЛЯ
ОСТРІВ
ШИРОТА
ДОВГОТА
КАРТА
МОРЕ
МЕРИДІАН
ГОРА
СВІТ
ПІВНІЧ
ЗАХІД
КРАЇНА
РЕГІОН
РІЧКА
ПІВДЕНЬ
ТЕРИТОРІЯ

52 - Música

К	М	Б	Е	Г	Г	А	Р	М	О	Н	І	Й	Н	И	Х
Л	У	Ф	Ф	А	Ш	С	Щ	Г	Р	Х	Я	Ф	Ь	І	Л
А	З	І	М	Р	О	Т	Д	Ц	Н	М	О	Б	Ь	Л	А
С	И	М	Є	М	Ь	Е	Щ	Ґ	В	І	Ю	Ш	І	М	В
И	Ч	П	Д	О	Ґ	М	Р	Щ	Ц	К	Ь	Х	Н	У	О
Ч	Н	Р	Б	Н	П	П	В	Д	У	Р	О	Х	С	З	К
Н	И	О	А	І	С	О	І	Я	Д	О	О	К	Т	И	А
И	Й	В	Л	Я	Л	П	Е	Ь	Ґ	Ф	П	А	Р	К	Л
Й	В	І	А	І	Я	Н	І	Т	И	О	Е	Х	У	А	Ь
У	Н	З	Д	Д	П	В	Ч	В	И	Н	Р	Р	М	Н	Н
М	Ф	У	А	О	Ь	Щ	И	Є	А	Ч	А	Р	Е	Т	И
Д	Є	В	Б	Л	О	Е	Г	Я	С	К	Н	О	Н	Б	Й
Щ	А	А	Ж	Е	Ф	Д	Ґ	Р	И	Т	М	И	Т	Ц	Ґ
В	А	Т	А	М	Ь	У	Ф	Ь	П	Ц	І	Н	Й	В	Щ
Ж	Л	И	Т	А	В	І	П	С	А	А	М	Ш	Ь	Я	Ж
І	Ф	Ю	Р	С	Ь	С	Ж	Ф	З	Д	Р	П	Т	Н	К

ГАРМОНІЯ
ГАРМОНІЙНИХ
АЛЬБОМ
БАЛАДА
СПІВАК
СПІВАТИ
КЛАСИЧНИЙ
ХОР
ЗАПИС
ІМПРОВІЗУВАТИ
ІНСТРУМЕНТ
МЕЛОДІЯ
МІКРОФОН
МУЗИЧНИЙ
МУЗИКАНТ
ОПЕРА
ПОЕТИЧНИЙ
РИТМ
ТЕМП
ВОКАЛЬНИЙ

53 - Enfermedad

С	С	К	Ц	Ч	М	Ґ	Щ	Х	Ж	Й	Х	Ь	Щ	Ю	К
Ц	Я	Н	Н	Е	Л	А	П	А	З	И	Р	К	Я	Е	І
Д	О	Б	Ф	Р	М	Н	И	Я	Ф	Н	О	Л	І	Т	С
Ґ	Ь	Н	Х	Е	Щ	Ж	Г	І	Є	Ь	Н	І	П	Е	Т
Ь	Й	Й	И	В	Е	Н	Е	Г	Е	Л	І	П	А	Т	К
Г	И	Д	Ґ	Н	У	Є	П	Р	Б	А	Ч	С	Р	І	И
Е	К	С	Щ	О	Л	Г	М	Е	Ш	Х	Н	И	Е	Н	Л
Н	Б	И	П	Ї	Ь	І	У	Л	И	И	И	А	Т	У	В
Е	А	В	Р	А	К	П	Ь	А	Ь	Д	Й	Д	Щ	М	Р
Т	Л	С	Є	О	Д	З	Д	О	Р	О	В	Я	Ь	І	К
И	С	Е	Р	Ц	Е	К	М	Е	У	Н	С	Ь	С	Г	М
Ч	В	Р	В	У	Г	Ю	О	С	И	Н	Д	Р	О	М	М
Н	С	А	В	Ю	Й	И	Ч	В	О	Р	О	Д	З	О	М
І	Ц	Г	И	С	Р	Н	Ґ	Й	И	Н	З	А	Р	А	З
Ш	С	Р	Я	І	Т	А	П	О	Р	Й	Е	Н	І	П	Х
П	О	П	Е	Р	Е	К	О	В	О	Г	О	С	Х	М	Ц

ЧЕРЕВНОЇ
АЛЕРГІЯ
ОЗДОРОВЧИЙ
ЗАРАЗНИЙ
СЕРЦЕ
ХРОНІЧНИЙ
ТІЛО
СЛАБКИЙ
ГЕНЕТИЧНІ
СПАДКОВИЙ
КІСТКИ
ЗАПАЛЕННЯ
ІМУНІТЕТ
ПОПЕРЕКОВОГО
НЕЙРОПАТІЯ
ЛЕГЕНЕВИЙ
ДИХАЛЬНИЙ
ЗДОРОВ'Я
СИНДРОМ
ТЕРАПІЯ

54 - Deportes

Х	Б	Е	Й	С	Б	О	Л	Б	Ц	С	І	М	Е	Ф	В
Г	О	М	В	П	Ь	И	Ь	Ф	В	Я	Ш	В	О	Е	Е
Х	Р	К	И	Т	О	Т	П	Я	К	Ч	Ч	Ш	Б	І	Л
Ґ	Е	А	Е	Х	С	П	О	Р	Т	С	М	Е	Н	Т	О
Ц	Н	Д	В	Й	Ю	Ю	У	Ґ	Н	Ґ	Я	Д	Д	У	С
Н	Е	Н	Ж	Е	П	Е	Р	Е	М	О	Ж	Е	Ц	Ь	И
Х	Р	А	Ф	Н	Ц	Ф	Г	Д	И	Т	А	В	А	Л	П
Г	Т	М	Н	Д	Щ	Ь	К	И	Д	Т	О	Ф	Ґ	С	Е
Р	А	О	Ц	Ц	Х	Л	У	И	Ц	Ь	Щ	П	И	Н	Д
А	Н	К	Щ	Є	Ж	О	Б	А	С	К	Е	Т	Б	О	Л
М	О	Ш	Б	Я	У	Г	П	О	Є	І	Х	Ч	В	І	В
Г	І	М	Н	А	С	Т	И	К	А	В	Н	Ю	Р	Д	Х
Д	П	Є	Щ	Г	І	М	Н	А	З	І	Я	Е	Ю	А	Ц
А	М	В	Л	Р	М	М	В	С	Д	Р	Т	Л	Т	Т	Я
Щ	Е	Х	Р	У	Х	Г	Ь	Ж	Г	П	К	В	У	С	С
І	Ч	Є	Ю	Ш	Л	П	В	Ґ	Ь	П	Ж	І	А	О	П

СПОРТСМЕН
СУДДЯ
БАСКЕТБОЛ
БЕЙСБОЛ
ВЕЛОСИПЕД
ЧЕМПІОНАТ
ТРЕНЕР
КОМАНДА
СТАДІОН
ПЕРЕМОЖЕЦЬ
ГІМНАСТИКА
ГІМНАЗІЯ
ГОЛЬФ
ХОКЕЙ
ГРА
ГРАВЕЦЬ
РУХ
ПЛАВАТИ
ТЕНІС

55 - Actividades

Д	І	Ф	Е	О	М	Т	С	Ш	Б	Е	Б	Є	С	Ґ	З
О	Н	О	Н	Е	О	М	І	Г	Р	И	Ч	Х	А	К	А
З	Т	Т	І	Є	С	А	Л	С	Е	М	Е	Р	Д	Ц	Д
В	Е	О	М	І	Ґ	Г	Щ	Е	Г	Ю	Ф	А	І	Р	О
І	Р	Г	Ь	Т	С	І	Н	Ь	Л	Я	І	Д	В	И	В
Л	Е	Р	Ш	К	У	Я	С	І	І	Б	Ц	А	Н	Б	О
Л	С	А	О	О	Б	Г	Ґ	Ґ	П	В	П	Г	И	О	Л
Я	И	Ф	Н	А	В	И	Ч	К	А	М	Ф	Ф	Ц	Л	Е
Т	Ь	І	Р	Ж	П	Д	В	Щ	И	П	Е	К	Т	О	Н
Т	Є	Я	П	О	Л	Ю	В	А	Н	Н	Я	К	В	В	Н
И	Я	Н	Н	Е	Л	Б	А	Л	С	З	О	Р	О	Л	Я
Ш	Я	Н	Н	А	З	Я	В	К	Ч	И	Л	Т	Ш	Я	А
Л	И	А	К	І	М	А	Р	Е	К	С	Е	Ф	Г	Е	О
О	В	Т	Ц	Е	Т	С	И	М	Я	П	І	Е	Б	Є	О
Ґ	О	И	К	Д	А	Г	А	З	Д	Ф	Ж	У	Б	Я	Д
Ь	Н	Ч	У	Е	Ю	Ж	Ж	Ю	Щ	Ж	К	Т	И	Ч	Ш

ДІЯЛЬНІСТЬ
МИСТЕЦТВО
РЕМЕСЛА
КЕМПІНГ
ПОЛЮВАННЯ
КЕРАМІКА
ШИТТЯ
ФОТОГРАФІЯ
НАВИЧКА
ІНТЕРЕСИ
САДІВНИЦТВО
ІГРИ
ЧИТАННЯ
МАГІЯ
ДОЗВІЛЛЯ
РИБОЛОВЛЯ
ЗАДОВОЛЕННЯ
РОЗСЛАБЛЕННЯ
ЗАГАДКИ
В'ЯЗАННЯ

56 - Verduras

К	А	Р	Т	О	П	Л	Я	Б	Б	Д	П	Я	Ж	М	Щ
Г	Х	Ф	П	Ь	Т	Ф	Д	Л	И	А	М	Ж	В	У	Р
Н	А	Ж	А	Л	К	А	Б	Д	А	С	М	Г	И	Ж	Р
Ф	М	Р	У	Ф	Р	І	В	В	Х	Д	Ц	Ю	Ю	О	Є
Ю	К	И	Б	Ю	Ф	Я	Д	К	Г	П	Д	Ж	Х	Л	Ґ
Ж	Х	Б	И	У	Щ	Г	Ґ	Е	Р	Б	Ч	И	Ґ	И	Я
О	Ш	М	Є	О	З	Е	М	Є	Щ	О	Х	П	Я	У	Щ
Л	П	І	Б	О	А	Х	І	Г	Е	Ч	М	Е	Щ	М	Ц
И	И	І	Ю	Ґ	А	Б	М	К	О	Ш	И	Т	Р	А	И
В	Н	Ю	К	Е	Щ	У	Ф	И	І	С	Ґ	Р	О	Л	Б
К	А	Ф	І	В	Ґ	Ж	К	Н	Є	Л	К	У	Д	Н	У
А	Т	А	Л	А	С	Є	Щ	С	Е	Щ	О	Ш	І	Ь	Л
К	Н	А	Ю	І	И	С	Г	А	П	І	Р	К	М	Д	Я
Г	О	Р	О	Х	Д	Ь	Р	Ч	О	Х	І	А	О	Ф	И
С	И	Ю	Ю	Т	Е	Ч	И	Г	А	Ю	Г	Т	П	Р	П
Ш	С	Е	Л	Е	Р	А	Б	Ч	І	І	О	Ь	Б	Я	Б

ЧАСНИК
АРТИШОК
СЕЛЕРА
БАКЛАЖАН
БРОКОЛІ
ГАРБУЗ
ЦИБУЛЯ
САЛАТ
ШПИНАТ
ГОРОХ
ІМБИР
РІПА
ОЛИВКА
КАРТОПЛЯ
ОГІРОК
ПЕТРУШКА
РЕДИС
ГРИБ
ПОМІДОР
МОРКВА

57 - Instrumentos Musicales

Ґ	Є	Б	Л	С	Ю	Ц	С	Ф	Б	П	С	О	І	Б	В
Р	Х	Т	Г	Я	Б	Ш	Є	А	Л	М	Х	Л	А	А	І
Я	А	У	Г	Б	Ж	Н	Б	Н	К	Е	Ш	М	Щ	Н	О
Ґ	А	К	П	И	Р	К	С	І	Ц	С	Й	Ш	П	Д	Л
Г	К	А	І	А	Ф	О	Ц	Л	Т	Е	О	Т	Є	Ж	О
О	І	Л	К	Б	Л	Н	Н	О	Б	У	Б	Ф	А	О	Н
М	Н	Ф	А	У	Д	А	Р	Д	Л	І	О	Ю	О	Г	Ч
І	О	А	Ф	Р	А	І	П	Н	Ц	Ч	Г	Л	Ч	Н	Е
Л	М	Г	Я	Т	Н	П	Д	А	Ю	Д	Н	Л	Д	А	Л
К	Р	О	Ц	І	Д	Е	М	М	Я	Ж	О	К	Ж	Б	Ь
И	А	Т	Г	С	С	Т	Т	Ж	И	М	Г	Х	Н	А	Н
Н	Г	О	Е	И	А	Р	А	Т	І	Г	Л	Ю	С	Р	Ь
И	Ч	Ь	Г	В	В	О	Т	Р	О	М	Б	О	Н	А	Р
Є	Ф	Д	С	Е	И	Ф	С	С	Ч	Ь	Е	С	Н	Б	В
К	Ф	Ґ	Є	Х	И	Г	Ф	А	П	Е	Ч	Н	И	Я	Л
Р	Ф	Б	Ф	Щ	Ю	М	О	Ж	О	Ґ	П	А	П	Ч	Ц

ГАРМОНІКА
АРФА
БАНДЖО
ГОМІЛКИ
КЛАРНЕТ
ФАГОТ
ФЛЕЙТА
ГОНГ
ГІТАРА
МАНДОЛІНА
ГОБОЙ
БУБОН
УДАР
ФОРТЕПІАНО
САКСОФОН
БАРАБАН
ТРОМБОН
ТРУБА
СКРИПКА
ВІОЛОНЧЕЛЬ

58 - Formas

О	П	Т	Ґ	Л	Ф	К	К	Я	Б	О	Ч	Н	Ю	Ж	Ф
В	І	Р	В	В	Є	И	Ш	Р	Д	Н	І	Л	И	Ц	Ь
А	Р	И	О	М	В	Н	М	Є	У	К	Ч	М	Ц	Н	У
Л	А	К	Я	С	Є	Т	Г	Д	Л	Г	Є	Ф	Б	Е	Щ
Ь	М	У	Ж	Ш	К	У	Т	Ь	Р	Ь	Л	Х	О	Ґ	Я
Н	І	Т	Г	И	Л	К	П	Є	Ц	Е	Г	И	Ю	Ш	Е
И	Д	Н	К	О	Л	О	Р	П	Л	О	Щ	А	Й	Г	Б
Й	А	И	Г	П	Є	Т	Я	І	Н	І	Л	Ю	К	Ґ	Х
А	Ф	К	І	И	У	А	М	З	И	Р	П	Л	Р	Я	Б
Ч	В	А	П	Ґ	Д	Г	О	С	Ф	Е	Р	А	И	Н	І
Р	Ь	Щ	Е	У	У	А	К	К	О	Н	У	С	В	И	К
Я	Е	Ц	Р	Л	Г	Б	У	К	Д	Ж	Ш	У	А	Ь	Л
К	Ж	М	Б	Ц	А	Ю	Т	Г	А	К	П	Х	Г	П	К
А	К	Т	О	І	М	С	Н	Е	Л	І	П	С	Е	Ц	М
У	І	К	Л	О	С	Ж	И	Х	Б	Я	Ч	Б	Ґ	Ф	Щ
Е	Ґ	С	А	Ф	Щ	Х	К	Б	Ж	Л	У	Д	І	Ч	Ю

ДУГА
ЦИЛІНДР
КОЛО
КОНУС
ПЛОЩА
КУБ
КРИВА
ЕЛІПС
СФЕРА
КУТ
ГІПЕРБОЛА
БІК
ЛІНІЯ
ОВАЛЬНИЙ
ПІРАМІДА
БАГАТОКУТНИК
ПРИЗМА
ПРЯМОКУТНИК
КРУГЛИЙ
ТРИКУТНИК

59 - Flores

Ь	Ш	Щ	У	Е	Б	Щ	В	Б	И	Щ	О	Б	Ч	Є	О
Л	К	Л	Ж	К	К	А	Л	Е	Н	Д	У	Л	А	Ь	Р
Ь	Щ	Ю	Е	О	А	Я	Т	Р	Ь	Я	Я	М	Ю	К	Х
И	И	С	Ю	Н	Я	М	Х	Ю	П	В	Щ	Д	К	Е	І
Р	Д	О	Ь	Ю	Ю	У	Ж	Я	Ч	Н	Я	Є	О	В	Д
І	Л	Ч	Б	Ш	Ц	К	С	У	К	С	І	Б	І	Г	Е
С	Н	Е	Д	И	Т	У	У	М	С	К	Н	У	Л	Ф	Я
Я	І	Л	О	Н	Г	А	М	Л	А	Д	Е	К	Ю	І	Т
І	Ю	Ч	Г	А	Ц	Є	Р	Е	Ь	О	Д	Е	Х	Т	Ю
Л	Ж	А	С	М	И	Н	Н	О	Ю	Б	Р	Т	П	Р	Л
І	П	Л	Ю	М	Е	Р	І	Я	М	К	А	Л	Г	О	Ь
Л	А	В	А	Н	Д	А	Ч	О	И	А	Г	Б	Я	Я	П
П	І	В	О	Н	І	Я	Г	Ф	Я	Д	Ш	Г	А	Н	А
С	О	Н	Я	Ш	Н	И	К	О	З	У	Б	К	Ф	Д	Н
Ж	Ф	П	Е	Л	Ю	С	Т	К	А	Ц	Р	Ф	А	А	Е
Е	Ь	Ь	Б	Ж	С	Ш	Е	В	Н	Б	Е	Л	Т	Х	Г

МАК
КАЛЕНДУЛА
КУЛЬБАБА
ГАРДЕНІЯ
СОНЯШНИК
ГІБІСКУС
ЖАСМИН
ЛАВАНДА
БУЗОК
ЛІЛІЯ
МАГНОЛІЯ
РОМАШКА
ОРХІДЕЯ
ПІВОНІЯ
ПЕЛЮСТКА
ПЛЮМЕРІЯ
БУКЕТ
ТРОЯНДА
КОНЮШИНА
ТЮЛЬПАН

60 - Astronomía

О	Б	С	Е	Р	В	А	Т	О	Р	І	Я	А	Д	І	Я
Л	Л	К	В	С	К	И	Н	Т	У	П	У	С	Н	П	Б
Р	Ц	Ф	Х	С	У	Б	Я	А	М	К	С	Т	Я	К	Щ
Я	Ш	Є	Б	К	Е	Б	І	Ґ	И	Е	Х	Е	Н	К	Ж
К	Є	Ь	Щ	Ю	Я	С	К	Л	С	В	Щ	Р	Н	Х	Н
Ж	М	Я	Т	Ц	Л	Ь	В	У	В	Ю	Л	О	Е	Д	С
Р	О	Е	Т	Е	М	Г	С	І	Ш	Щ	Б	Ї	Д	Ь	У
Т	Н	М	О	Ж	Е	С	Щ	Б	Т	Х	К	Д	О	Ц	З
В	О	Ь	Е	Г	З	А	Т	Е	М	Н	Е	Н	Н	Я	І
А	Р	А	Д	І	А	Ц	І	Я	П	Ц	Щ	Ь	В	С	Р
Н	Т	У	Р	Н	Е	Б	О	Ю	І	Л	Г	П	І	І	Я
О	С	А	Ф	А	Г	О	Н	И	Ф	К	А	А	Р	М	Щ
Р	А	К	Е	Т	А	В	О	Н	Д	А	Н	Н	К	Ч	Ш
Т	Т	Е	Л	Е	С	К	О	П	Ф	О	Ю	Ю	Е	Є	О
С	Г	А	Л	А	К	Т	И	К	А	Д	Ч	Я	Н	Т	Ю
А	Н	У	Б	К	О	С	М	О	С	П	И	Ш	Ь	К	А

АСТЕРОЇД
АСТРОНАВТ
АСТРОНОМ
НЕБО
РАКЕТА
СУЗІР'Я
КОСМОС
ЗАТЕМНЕННЯ
РІВНОДЕННЯ
ГАЛАКТИКА
МІСЯЦЬ
МЕТЕОР
ОБСЕРВАТОРІЯ
ПЛАНЕТА
РАДІАЦІЯ
СУПУТНИК
НАДНОВА
ТЕЛЕСКОП
ЗЕМЛЯ
ВСЕСВІТ

61 - Tiempo

Я	Ь	И	Г	Х	Т	Г	Є	Г	Р	А	Н	О	К	І	Т
Л	Х	О	О	О	Ч	Д	Я	Х	О	Ф	В	О	І	Ь	Є
Ч	Є	Є	М	Д	Д	Щ	І	І	Ж	Д	Л	П	Р	В	Ґ
Б	У	Ч	І	Н	К	И	Ч	Б	Т	Ч	И	Б	Я	Ґ	Р
С	Ч	М	С	К	Ч	Б	Н	О	Р	І	Н	Н	І	Т	Е
Ь	Н	О	Я	М	О	Є	М	А	Р	О	Ч	В	Н	К	П
О	Ж	М	Ц	Ь	Ь	Р	А	Д	Н	Е	Л	А	К	И	Ю
Г	С	Е	Ь	О	І	Я	Й	Д	Е	Н	Ь	Ю	Т	Т	К
О	Х	Н	Н	Ц	Ч	Д	Б	З	А	Р	А	З	Я	Є	М
Д	В	Т	Е	Л	В	Л	У	Р	Г	Р	Я	Н	Б	У	Т
Н	И	И	Д	Є	С	Я	Т	Т	І	Л	О	Т	С	Ш	Щ
І	Л	Р	Ж	У	Є	Ь	Н	Е	Д	У	Л	О	П	Х	У
О	И	В	И	Ф	А	Ж	Є	Н	Ч	Ш	С	Т	Т	К	Ґ
Ц	Н	К	Т	Д	Е	С	Я	Т	И	Л	І	Т	Т	Я	Н
Є	А	Р	Ш	І	И	О	Ж	Ф	И	Ч	І	И	И	П	К
Ь	І	В	Ц	Ґ	Щ	О	Р	І	Ч	Н	И	Й	М	Ґ	И

ЗАРАЗ
ДО
ЩОРІЧНИЙ
РІК
ВЧОРА
КАЛЕНДАР
ДЕСЯТИЛІТТЯ
ДЕНЬ
МАЙБУТНЄ
ГОДИНА
СЬОГОДНІ
РАНОК
ПОЛУДЕНЬ
МІСЯЦЬ
ХВИЛИНА
МОМЕНТ
НІЧ
ГОДИННИК
ТИЖДЕНЬ
СТОЛІТТЯ

62 - Paisajes

Б	Н	Ч	Ц	П	Н	Г	В	Г	Е	И	Т	К	С	Ю	Ь
У	О	Е	І	И	Б	Е	У	Е	Ґ	А	Т	Ґ	А	Б	Ч
У	П	Л	О	В	Ц	Й	Л	И	Ш	Т	Д	Ґ	Ґ	Ґ	Д
Т	Б	Ь	О	Ч	Я	З	К	С	Н	Ж	І	Ь	П	А	К
П	Б	О	Є	Т	Ш	Е	А	Є	Ч	Д	М	Ф	М	У	И
Щ	Є	З	О	Ф	О	Р	Н	Д	А	П	С	О	Д	О	В
В	І	Е	О	С	Т	Р	І	В	Н	Є	И	Р	Р	У	О
М	А	Р	Д	Н	У	Т	Я	И	У	Б	З	І	І	Е	Д
Г	Е	О	Р	А	П	Ж	Т	П	Г	Щ	А	Ч	В	С	О
П	Е	Ч	Е	Р	А	У	С	Ь	А	Ь	О	К	Ґ	Ф	Ь
И	Л	Ь	Щ	О	Н	Ш	С	И	Л	В	Н	А	М	И	Л
Т	С	Е	Б	Г	Л	Ґ	М	Т	Ч	Е	Щ	Ч	И	А	М
А	Й	С	Б	Е	Р	Г	А	Є	Е	Ф	Г	П	І	У	Ш
Р	В	Ш	К	М	Б	С	А	Н	И	Л	О	Д	Ь	М	Ж
А	Ю	Я	С	Б	Ш	Т	Ґ	К	Г	Ж	Я	Л	П	Є	С
П	І	В	О	С	Т	Р	І	В	Е	Г	К	С	О	С	Н

ВОДОСПАД
ПЕЧЕРА
ПУСТЕЛЯ
ЛИМАН
ГЕЙЗЕР
ЛЬОДОВИК
АЙСБЕРГ
ОСТРІВ
ОЗЕРО
ЛАГУНА
МОРЕ
ГОРА
ОАЗИС
БОЛОТО
ПІВОСТРІВ
ПЛЯЖ
РІЧКА
ТУНДРА
ДОЛИНА
ВУЛКАН

63 - Días y Meses

У	П	Ч	В	І	В	Т	О	Р	О	К	Х	М	Е	В	И
А	О	Х	Е	Щ	С	П	Ґ	Ь	Щ	И	Ь	І	И	П	Е
Т	Н	Х	К	Р	А	Д	Н	Е	Л	А	К	С	Р	Я	Ю
И	Е	И	Ф	Е	В	Щ	Я	Х	Х	Н	І	Я	А	Ґ	Г
Ч	Д	Ю	Ж	В	К	Е	Ь	П	С	Д	Р	Ц	Ю	Щ	П
М	І	Т	Ц	Т	В	О	Н	Ж	Е	И	М	Ь	Щ	Т	Ю
К	Л	Н	Б	Е	Л	Ґ	Е	Ь	Н	Е	Ч	І	С	Ш	Ж
В	О	Л	Е	Ч	Ж	М	П	Н	С	Е	Р	П	Е	Н	Ь
І	К	Ю	Ц	Д	Ч	В	И	Е	Щ	Л	Е	Ф	А	С	П
Т	Д	Т	Ж	О	І	К	Л	Д	С	Ш	Л	М	С	У	Я
Е	Е	И	К	Е	Р	Л	Щ	Ж	Ц	Е	О	Л	Д	Б	Т
Н	Н	Й	І	Н	Ф	Е	Я	И	Ш	М	Р	Л	Г	О	Н
Ь	Г	И	Ш	К	Г	Е	Ч	Т	П	Е	Ш	Е	Ю	Т	И
Ш	И	Л	И	С	Т	О	П	А	Д	О	Т	Ж	Д	А	Ц
Ш	Г	И	Р	Ж	О	В	Т	Е	Н	Ь	П	Ґ	С	А	Я
В	Е	Р	Е	С	Е	Н	Ь	И	Щ	Є	К	О	У	У	Н

КВІТЕНЬ
СЕРПЕНЬ
РІК
КАЛЕНДАР
НЕДІЛЯ
СІЧЕНЬ
ЛЮТИЙ
ЧЕТВЕР
ЛИПЕНЬ
ЧЕРВЕНЬ
ПОНЕДІЛОК
ВІВТОРОК
МІСЯЦЬ
СЕРЕДА
ЛИСТОПАД
ЖОВТЕНЬ
СУБОТА
ТИЖДЕНЬ
ВЕРЕСЕНЬ
П'ЯТНИЦЯ

64 - Biología

М	В	А	Н	О	Р	Й	Е	Н	О	П	Ц	Б	Е	Б	О
Ф	Л	О	Д	Т	Т	Е	Д	Ґ	Ц	Л	Є	Ш	В	А	К
Ч	П	Н	Щ	Е	П	Н	П	Ч	Р	Ґ	Я	Ф	О	К	О
Р	Й	А	І	Щ	Н	И	С	Т	Ж	Ф	І	Я	Л	Т	Л
С	И	М	Б	І	О	З	С	Н	И	Г	Н	Б	Ю	Е	А
М	Н	О	А	И	І	У	А	Е	Ц	Л	Д	Ґ	Ц	Р	Г
К	Д	С	С	И	Р	Я	В	М	Т	Ф	І	Ґ	І	І	Е
О	О	О	А	Ц	Б	Е	Е	Р	Ґ	Е	Ю	Я	Я	Ї	Н
Л	Р	М	Ь	Ф	М	Д	Ц	Е	Х	Б	Н	І	Е	А	О
І	И	О	І	Я	Е	У	Ь	Ф	Я	Ч	Т	Ц	В	Ф	М
Б	Р	Р	Ч	Р	А	Ю	Ш	В	Ч	А	Ф	А	И	Ш	Р
Н	П	Х	К	Ґ	К	Я	П	А	І	Ф	В	Т	І	Ф	О
М	В	О	Ґ	Ц	С	А	И	Є	А	Р	К	У	Ґ	Ь	Г
Н	Р	В	І	И	Е	В	О	С	М	О	С	М	Щ	Ш	Д
З	Е	Т	Н	И	С	О	Т	О	Ф	С	И	Н	А	П	С
А	Н	А	Т	О	М	І	Я	Р	Н	П	Є	М	Г	У	Т

АНАТОМІЯ
БАКТЕРІЇ
КОМІРКА
КОЛАГЕН
ХРОМОСОМА
ЕМБРІОН
ФЕРМЕНТ
ЕВОЛЮЦІЯ
ФОТОСИНТЕЗ
ГОРМОН
ССАВЕЦЬ
МУТАЦІЯ
ПРИРОДНИЙ
НЕРВ
НЕЙРОН
ОСМОС
БІЛОК
РЕПТИЛІЯ
СИМБІОЗ
СИНАПС

65 - Jardinería

Б	Щ	Ф	Ц	Л	Ь	Г	Ш	Ц	М	В	Т	Е	К	У	Б
Ф	О	Я	Р	Е	Н	Й	Е	Т	Н	О	К	К	М	В	В
У	Я	Т	Т	У	В	Р	О	Р	Б	Є	Х	З	В	О	Р
Н	Ц	С	А	Я	К	Д	Ю	А	К	Г	Т	О	О	Л	Я
Л	В	И	М	Н	Ф	Т	І	В	Ц	У	Л	Т	Д	О	У
В	И	Л	І	Н	І	Т	О	П	И	А	И	И	А	Г	Ю
Ґ	Ш	Ч	Л	І	В	Ч	Г	В	Ш	Д	С	Ч	Я	І	Р
У	В	Б	К	С	О	Д	Н	Є	И	Ґ	Т	Н	Б	А	М
О	Ь	Ш	С	А	К	Т	А	И	Є	Й	Т	І	Г	Ш	Т
Д	Є	М	Щ	Н	Т	Ф	Л	І	Й	И	С	Н	С	Г	Л
А	А	Ш	Е	В	І	Д	Ш	Б	Ф	Н	О	А	В	Я	Н
В	С	Т	П	І	В	Г	Б	Ь	Т	В	П	Ч	Д	И	Д
И	Ш	Н	Я	Ю	К	Х	Ц	Х	У	І	М	Б	У	Р	Д
С	Е	З	О	Н	Н	И	Й	Ж	Є	Т	О	Ч	Р	Д	Н
Ґ	Р	У	Н	Т	В	Ь	Ф	О	Я	С	К	М	Б	У	Л
Б	Ю	В	Б	І	Ь	К	Є	Р	Ь	Ї	О	А	Щ	Ч	Є

ВОДА
БОТАНІЧНИЙ
КЛІМАТ
ЇСТІВНИЙ
КОМПОСТ
КОНТЕЙНЕР
ВИД
СЕЗОННИЙ
ЕКЗОТИЧНІ
ЦВІТ
КВІТКОВІ
ЛИСТЯ
ЛИСТ
ФРУКТОВИЙ САД
ВОЛОГІ
ШЛАНГ
БУКЕТ
НАСІННЯ
БРУД
ҐРУНТ

66 - Barbacoas

Л	Я	Ш	Т	С	С	П	И	Я	М	Т	Г	І	Ф	Б	А
П	О	М	І	Д	О	Р	И	Е	Ш	Ю	Б	В	Г	Х	Е
Ж	Т	Ш	А	Р	Щ	Х	Т	С	В	Н	Д	Е	Ф	Р	Щ
М	І	Х	Ф	А	В	Г	І	С	О	У	С	Ч	Р	Н	И
Ь	Л	И	Р	Г	В	Ґ	Д	О	Л	О	Г	Е	У	О	Ж
Р	С	Ь	П	О	С	А	Л	А	Т	И	Л	Р	К	Ж	Ц
П	Щ	Є	Ф	В	Д	Г	А	Р	Я	Ч	Е	Я	Т	І	Н
І	Л	С	П	С	Ч	И	Т	П	Ь	Л	І	С	Н	Є	Ж
М	К	І	Щ	Ч	Д	В	Н	К	Я	Б	У	Щ	Х	Ш	И
Я	М	Г	Р	Т	У	Г	П	А	Ю	Е	У	Б	И	Л	Р
О	П	Б	У	И	М	М	У	З	И	К	А	Ч	И	Л	Я
Б	Б	Щ	Т	А	И	О	Я	О	К	И	К	Ч	Ь	Ц	А
Ч	Щ	Є	Н	Р	Ґ	Ц	У	Б	Т	Т	Р	Є	С	Ш	Ш
О	В	О	Ч	І	Ґ	Т	Е	І	Е	Ю	У	Щ	Т	Х	Х
Е	А	П	Е	Р	Е	Ц	Ь	Д	Щ	Ч	К	Ь	Т	Р	Д
К	Е	Ь	Б	В	Ф	М	Є	Х	Б	М	Е	М	Д	Д	Ч

ОБІД
ГАРЯЧЕ
ЦИБУЛЯ
ВЕЧЕРЯ
НОЖІ
САЛАТИ
РОДИНА
ФРУКТ
ГОЛОД
ІГРИ
МУЗИКА
ДІТИ
ГРИЛЬ
ПЕРЕЦЬ
КУРКА
СІЛЬ
СОУС
ПОМІДОРИ
ЛІТО
ОВОЧІ

67 - Ropa

І	Б	У	Ч	Ж	В	Р	Ш	Я	Щ	С	В	П	С	В	С
Ф	О	О	Н	Л	Т	В	У	Х	Г	И	Щ	А	А	З	Б
Ф	П	Ж	Е	А	О	Е	Н	К	И	Ф	Т	Л	Н	У	Х
Р	А	Н	А	М	И	С	Т	О	А	И	М	Ь	Д	Т	К
А	К	Р	Я	О	Ч	Я	Е	Ж	Ь	В	А	Т	А	Т	У
Ш	З	О	Т	Н	П	О	Л	Р	Є	Л	И	О	Л	Я	Р
П	У	О	Т	У	М	П	С	М	Я	Ь	Щ	Ч	І	Я	Т
Ч	Л	Ц	А	О	Х	Л	А	Г	О	Ґ	М	С	К	Ц	К
А	Б	В	Л	Д	Ю	Л	Р	Г	И	Д	Ю	І	Ч	И	А
Ц	Г	Ю	П	Ш	Л	Щ	Б	Є	Ф	Н	А	Щ	Ґ	Н	С
Я	Ґ	И	К	Т	Е	П	Р	А	К	Ш	Щ	Л	П	Д	Ч
Р	М	Є	С	Н	П	Х	И	Щ	Д	Ґ	Ь	К	І	І	М
М	М	Ф	Х	В	А	М	А	Ж	І	П	П	К	Ж	П	О
Х	Щ	А	Ґ	Л	К	Ь	С	В	Е	Т	Р	А	Ш	С	Є
У	Б	Л	Г	Л	О	Е	Б	С	У	Є	Є	О	Ж	Є	В
С	О	Р	О	Ч	К	А	Ш	Т	А	Н	И	Х	Ю	Н	Л

ПАЛЬТО
БЛУЗКА
ШАРФ
ШКАРПЕТКИ
СОРОЧКА
КУРТКА
ПОЯС
НАМИСТО
ФАРТУХ
СПІДНИЦЯ
РУКАВИЧКИ
МОДА
ШТАНИ
ПІЖАМА
БРАСЛЕТ
САНДАЛІ
КАПЕЛЮХ
СВЕТР
ПЛАТТЯ
ВЗУТТЯ

68 - Meditación

С	Ф	Е	Я	Ц	П	В	Е	М	О	Ц	І	Ї	Я	Д	Ш
П	Ч	Ш	Ш	Ф	А	Е	Я	С	Н	І	С	Т	Ь	И	А
О	Я	Н	Н	Е	Ж	Е	Р	Е	Т	С	О	П	С	Х	Я
К	Ю	А	К	Я	Д	О	П	С	Г	К	И	І	Ф	А	Х
І	Ю	Л	Г	Ґ	У	Є	Я	А	П	К	Щ	У	Ш	Н	Т
Й	М	Д	Ґ	А	А	А	Х	А	Х	Е	О	В	С	Н	М
Н	І	С	П	І	В	Ч	У	Т	Т	Я	К	Я	А	Я	Ь
И	К	М	У	Д	А	У	Р	О	Ч	Т	Р	Т	Ш	Ь	Ь
Й	Ф	К	Б	У	Т	Ю	П	Р	Я	Т	І	Н	И	Я	Ч
Ю	Д	С	И	Ю	С	Щ	Р	Б	Л	Я	Т	Ь	Т	В	І
Ю	Є	Г	Є	Г	О	И	И	О	А	Н	Ш	І	Ч	Є	А
А	М	Є	Е	Ц	П	В	Р	Д	Ь	Й	Щ	Ц	Т	Щ	К
Ф	У	И	П	І	Ж	В	О	Д	Ч	И	К	Л	І	И	И
К	З	Я	Р	П	Х	Х	Д	В	Е	Р	Н	Б	М	Ь	З
Т	О	Ж	Т	Я	Ж	І	А	Я	Ф	П	Н	Ю	Ж	Я	У
Щ	Р	Р	О	З	У	М	О	В	И	Й	Ц	П	Д	Ю	М

ПРИЙНЯТТЯ
УВАГА
ДОБРОТА
СПОКІЙНИЙ
ЯСНІСТЬ
СПІВЧУТТЯ
ЕМОЦІЇ
ПОДЯКА
РОЗУМОВИЙ
РОЗУМ
РУХ
МУЗИКА
ПРИРОДА
СПОСТЕРЕЖЕННЯ
МИР
ДУМКИ
ПЕРСПЕКТИВА
ПОСТАВА
ДИХАННЯ
ТИША

69 - Libros

Л	І	Т	Е	Р	А	Т	У	Р	Н	И	Й	Р	В	О	Ь
И	Г	Ф	А	Д	О	Г	И	Р	П	Ь	К	О	С	П	Г
Ж	Б	Л	Н	Ґ	І	Р	Ч	Й	Л	И	Ш	М	С	О	У
Ц	П	Щ	А	В	Т	О	Р	И	Ц	М	Н	А	Е	В	М
О	Ь	Б	С	І	Х	К	Б	Н	Т	М	Л	Н	Р	І	О
Л	Т	У	И	В	І	О	Н	Ч	Ш	А	В	Е	І	Д	Р
В	С	Я	П	К	А	Н	Ж	И	Р	О	Ч	Ц	Я	А	И
Е	І	О	А	К	А	Т	М	Р	И	Е	М	І	І	Ч	С
Ґ	Н	Д	Н	Д	Е	Е	Щ	О	Щ	Х	У	С	Ц	Е	Т
У	Й	Х	П	Ф	А	К	П	Т	М	Д	Т	Т	К	Г	И
Я	І	З	Е	О	П	С	Є	С	П	Г	В	О	Е	Я	Ч
А	В	О	Ж	Б	В	Т	Я	І	К	Р	І	Р	Л	И	Н
Я	Д	Д	А	К	Н	І	Р	О	Т	С	Р	І	О	Б	И
Ф	О	П	В	І	Х	Ю	Д	Ш	А	М	Ш	Я	К	Щ	Й
Ф	П	І	Ш	Ь	Л	Ґ	Я	Н	Н	Е	Р	У	Н	А	З
О	І	І	Р	Ь	Й	И	Н	Ч	І	Г	А	Р	Т	Ж	Т

АВТОР
ПРИГОДА
КОЛЕКЦІЯ
КОНТЕКСТ
ПОДВІЙНІСТЬ
НАПИСАНА
ІСТОРІЯ
ІСТОРИЧНИЙ
ГУМОРИСТИЧНИЙ
ЗАНУРЕННЯ
ЧИТАЧ
ЛІТЕРАТУРНИЙ
ОПОВІДАЧ
РОМАН
СТОРІНКА
ВІДПОВІДНІ
ВІРШ
ПОЕЗІЯ
СЕРІЯ
ТРАГІЧНИЙ

70 - Fotografía

Є	Р	Ж	Н	Г	Н	Ш	Щ	Е	Е	Ж	К	Є	Х	Ц	У
Р	А	Т	Д	Р	Р	Д	Є	Ґ	Є	Х	Ц	Е	К	В	Ґ
Т	А	В	И	Т	К	Е	П	С	Р	Е	П	Х	Ф	П	Т
І	Р	М	И	Ґ	У	Ч	Ц	Ю	О	П	С	К	Л	А	Д
Н	Е	Т	К	Д	В	І	З	У	А	Л	Ь	Н	И	Й	Т
І	М	У	Я	А	Т	Е	К	С	Т	У	Р	А	Ш	В	Г
Ґ	А	Ц	Ж	Ф	Я	С	Ю	К	Ж	Ц	Ж	Т	Б	И	В
П	К	Ш	Ш	Е	Д	А	А	Ц	Б	Ц	Ґ	Ш	У	З	К
Ф	О	Р	М	А	Т	Т	Е	Р	Т	Р	О	П	К	Н	Ч
І	Ф	Ш	К	Х	Е	Ь	Я	М	Т	Ю	Ф	Н	О	А	Ф
І	Л	М	Й	А	М	Ч	И	Є	Я	Н	Т	У	Л	Ч	И
Є	У	Б	И	Н	Д	Х	Р	Ц	Н	Я	О	Ч	І	Е	О
Є	С	Я	Н	Н	Е	Л	Т	І	В	С	О	К	Р	Н	Б
Л	Х	О	Р	Г	Р	Р	Т	Е	М	Р	Я	В	А	Н	Є
Б	Д	Є	О	Є	П	В	И	С	Т	А	В	К	А	Я	К
Ь	С	Р	Ч	Г	С	І	Н	Л	Ф	Н	Б	М	С	Ю	Т

КАМЕРА
КОЛІР
СКЛАД
КОНТРАСТ
ВИЗНАЧЕННЯ
ВИСТАВКА
ФОРМАТ
ОСВІТЛЕННЯ
РАМКА
ЧОРНИЙ
ОБ'ЄКТ
ТЕМРЯВА
ПЕРСПЕКТИВА
ПОРТРЕТ
ТІНІ
ПРЕДМЕТ
ТЕКСТУРА
ВИД
ВІЗУАЛЬНИЙ

71 - Los Medios de Comunicación

Р	Р	О	Є	Б	К	В	О	Н	Л	А	Й	Н	П	М	Г
Щ	А	Ь	Щ	Л	О	Б	И	Т	Е	З	А	Г	Р	Е	Р
Т	Т	Д	Щ	У	М	Ґ	Л	Д	С	Я	Л	Ч	О	Р	О
У	І	Ч	І	Ю	Е	Б	Т	Ц	А	Н	В	Х	М	Е	М
Р	В	О	С	О	Р	Л	Ю	В	Ґ	Н	Ж	Ш	И	Ж	А
Ш	С	І	О	В	Ц	Н	Г	Т	О	А	Н	Я	С	А	Д
Т	О	Н	Ч	Р	І	Н	Д	В	Ф	В	Є	Я	Л	Р	С
Ф	А	К	Т	И	Й	Є	У	О	П	У	Н	Я	О	К	Ь
Ю	А	Ц	У	Ґ	Н	Ч	М	О	Щ	С	Х	Е	В	Ц	К
Р	Ь	А	Н	Ц	И	П	К	А	Ґ	Н	Ь	Т	О	И	И
Р	Д	Д	Р	Б	Й	М	А	Ч	С	А	Я	Т	С	Ф	Й
К	А	З	О	Б	Р	А	Ж	Е	Н	Н	Я	Щ	Т	Р	М
Є	Ш	Є	И	Т	В	К	В	Т	Ґ	І	Л	Ю	І	О	А
Е	Ю	Є	Ц	Л	О	Г	І	Х	Ч	Ф	У	А	Я	В	Ь
З	В	Я	З	К	И	Ф	Ж	У	Р	Н	А	Л	И	И	В
Ґ	Г	Х	М	І	С	Ц	Е	В	И	Й	Б	Д	Щ	Й	С

КОМЕРЦІЙНИЙ
ЗВ'ЯЗКИ
ЦИФРОВИЙ
ВИДАННЯ
ОСВІТА
ОНЛАЙН
ФІНАНСУВАННЯ
ФОТО
ФАКТИ
ЗОБРАЖЕННЯ
ПРОМИСЛОВОСТІ
МІСЦЕВИЙ
ДУМКА
ГАЗЕТИ
ГРОМАДСЬКИЙ
РАДІО
МЕРЕЖА
ЖУРНАЛИ

72 - Nutrición

Д	Л	Ю	И	З	Ч	Л	Н	Ч	Р	Щ	А	П	З	П	А
Ь	Ґ	Ґ	Є	Р	В	І	А	В	И	Ю	П	О	Д	О	У
Ф	Д	В	Г	Д	Н	И	С	К	О	Т	Е	Ж	О	В	І
Б	І	Л	К	И	С	Ф	Ч	Є	П	Ж	Т	И	Р	Я	Ч
Ж	Ж	Н	А	Ь	Ї	К	К	К	Ж	Й	И	В	О	К	Ш
Ю	И	Н	Т	Ґ	С	У	О	С	И	І	Т	Н	В	І	Р
Ж	Ф	Є	Т	Ц	Т	І	Ф	Ф	А	Р	Ф	И	И	С	Ч
Ф	Ж	Н	Ш	С	І	Б	Л	Я	Б	О	Н	Й	Й	Т	К
В	Й	И	Н	А	В	О	С	Н	А	Л	А	Б	З	Ь	Н
Г	А	А	Е	Я	Н	Н	Е	Л	В	А	Р	Т	Ч	Л	К
Я	Т	Г	Т	В	И	Ю	Ш	Б	Е	К	Д	Д	Л	М	Ю
Я	Я	Ш	А	О	Й	И	К	Р	І	Г	Д	І	Є	Т	А
У	Е	А	М	Р	П	В	У	Г	Л	Е	В	О	Д	І	В
Ш	Ґ	Ц	О	О	Б	Р	О	Д	І	Н	Н	Я	Щ	І	Н
П	К	Б	Р	Д	В	І	Т	А	М	І	Н	Б	А	Ф	Н
С	Ш	Ц	А	З	Г	Ц	Я	Л	К	Ж	Ш	С	А	Ю	Е

ГІРКИЙ
АПЕТИТ
ЯКІСТЬ
КАЛОРІЙ
ВУГЛЕВОДІВ
ЇСТІВНИЙ
ДІЄТА
ТРАВЛЕННЯ
ЗБАЛАНСОВАНИЙ
БРОДІННЯ
ЗВИЧКИ
ПОЖИВНИЙ
ВАГА
БІЛКИ
АРОМАТ
СОУС
ЗДОРОВ'Я
ЗДОРОВИЙ
ТОКСИН
ВІТАМІН

73 - Edificios

Г	Х	Б	Е	Г	Л	Д	Ю	У	И	Т	Е	А	Т	Р	П
У	А	Я	І	Р	О	Т	А	Р	О	Б	А	Л	О	С	О
Н	Є	Р	М	Є	Т	Р	Ь	А	Ч	Ь	П	О	Б	А	С
І	Ш	Ґ	А	У	З	А	М	О	К	Ь	О	К	С	Р	О
В	У	Щ	Я	Ж	З	Т	Ф	А	К	Б	Н	Ш	Е	А	Л
Е	П	Х	К	Ю	Т	Е	Б	Е	А	О	О	Ц	Р	Й	Ь
Р	Г	Ь	Ь	Ю	М	К	Й	Б	Р	Б	І	Т	В	У	С
С	У	Л	І	К	А	Р	Н	Я	И	М	Д	М	А	Д	Т
И	Р	Е	Т	У	К	А	Щ	Ґ	Т	Ш	А	Ю	Т	Ю	В
Т	Т	Т	Я	Ш	И	М	Щ	С	Р	Ж	Т	М	О	Е	О
Е	О	О	О	Ю	Р	Р	Н	М	А	У	С	В	Р	О	Ь
Т	Ж	Г	Д	Х	Б	Е	И	Щ	В	В	П	Е	І	Д	Я
Г	И	Є	Ж	М	А	П	Є	Х	К	Ф	Е	Ж	Я	Б	Ш
Я	Т	И	В	И	Ф	У	В	П	В	Ф	Р	А	Ю	Ч	Г
Ж	О	Д	У	Х	Т	С	Х	К	І	Н	О	Г	Д	Д	П
У	К	Д	К	І	М	Ц	Г	Р	Х	Р	Б	Ш	О	Я	А

ГУРТОЖИТОК
КВАРТИРА
ЗАМОК
КІНО
ПОСОЛЬСТВО
ШКОЛА
СТАДІОН
ФАБРИКА
ГАРАЖ
САРАЙ
ФЕРМА
ЛІКАРНЯ
ГОТЕЛЬ
ЛАБОРАТОРІЯ
МУЗЕЙ
ОБСЕРВАТОРІЯ
СУПЕРМАРКЕТ
ТЕАТР
ВЕЖА
УНІВЕРСИТЕТ

74 - Océano

Л	Г	Ю	Х	Г	Я	Ш	І	Ь	Ф	Д	И	А	И	С	Щ
У	Є	С	Ю	Х	Л	Е	О	Ґ	Л	Ч	Ч	Ч	Н	А	К
Ш	Ш	Ж	С	Г	И	К	Т	Е	В	Е	Р	К	Н	Ь	Б
Г	У	Б	К	А	А	Б	И	Р	О	Г	У	В	Ц	М	Г
Б	І	Ш	А	Ю	Л	Й	Е	Т	С	О	Р	О	Д	О	В
У	Ф	Ю	Л	Р	У	Ш	Л	С	П	К	Д	В	Д	М	Ч
Р	І	Ґ	Ґ	Л	К	Л	Х	Е	Р	О	Е	О	Т	Е	Е
Я	Ж	Т	Щ	К	А	У	Х	Ф	И	Р	Л	С	Ш	Д	Р
Д	Ц	И	Ю	О	Т	Ц	У	Т	П	А	Ь	Ь	Щ	У	Е
С	І	Л	Ь	Ц	Е	Н	У	Т	Л	Л	Ф	М	У	З	П
Р	Т	Е	Я	Ш	Л	Е	Я	К	И	О	І	И	С	А	А
Т	И	В	У	Є	Я	В	К	М	В	В	Н	Н	Т	Ч	Х
Е	О	Ф	Я	А	Ю	О	Щ	Ж	И	И	Ґ	І	Р	Я	А
Я	Н	Б	А	Г	Ф	Ч	Р	К	Х	Й	Н	Г	И	О	Ґ
Н	Н	Л	Х	Д	Р	С	Я	Ю	Є	Т	Н	Є	Ц	К	О
Г	С	А	Ґ	М	М	Ґ	Б	Щ	Ц	Ч	Х	Х	Я	Т	О

ВОДОРОСТЕЙ
ВУГОР
РИФ
ТУНЕЦЬ
КИТ
ЧОВЕН
КРЕВЕТКИ
КРАБ
КОРАЛОВИЙ
ДЕЛЬФІН
ГУБКА
ПРИПЛИВИ
МЕДУЗА
УСТРИЦЯ
РИБА
ВОСЬМИНІГ
СІЛЬ
АКУЛА
БУРЯ
ЧЕРЕПАХА

75 - Ciudad

С	Р	С	В	О	Є	П	У	Д	А	С	М	Н	У	Ч	Ю
Т	И	У	К	С	Д	П	Ж	Щ	П	М	Ж	У	Є	Ь	І
А	Н	П	Ш	К	О	Л	А	А	Т	Щ	В	Г	З	Г	Р
Д	О	Е	Т	Е	Т	И	С	Р	Е	В	І	Н	У	Е	П
І	К	Р	Л	И	М	Г	Ц	С	К	Ч	В	И	Х	Ц	Й
О	З	М	Ц	А	Ґ	А	Ф	Х	А	Ш	В	Г	М	Ф	Д
Н	О	А	В	С	Р	У	Г	Р	Е	С	Т	О	Р	А	Н
Є	О	Р	О	Ь	Ґ	Ю	Е	А	Г	А	Л	Е	Р	Е	Я
О	П	К	Г	О	Т	Е	Л	Ь	З	Ф	Ч	Б	Т	Е	П
Ф	А	Е	Д	С	Н	У	М	Л	Ч	И	П	Р	Ь	Т	Е
О	Р	Т	К	Д	Ґ	І	І	В	М	Р	Н	М	Щ	Ф	К
К	К	С	Ц	Б	Я	С	К	К	Л	І	Н	І	К	А	А
Б	І	Б	Л	І	О	Т	Е	К	А	Ж	Ш	Н	Б	Н	Р
Б	М	Х	П	Ь	Я	В	И	Г	Я	Т	Ю	М	А	Ц	Н
Ф	Л	О	Р	И	С	Т	Т	Е	А	Т	Р	Ш	Н	Ю	Я
Е	И	А	Е	Р	О	П	О	Р	Т	Л	Р	Ь	К	Є	М

АЕРОПОРТ
БАНК
БІБЛІОТЕКА
КІНО
КЛІНІКА
ШКОЛА
СТАДІОН
АПТЕКА
ФЛОРИСТ
ГАЛЕРЕЯ
ГОТЕЛЬ
РИНОК
МУЗЕЙ
ПЕКАРНЯ
РЕСТОРАН
СУПЕРМАРКЕТ
ТЕАТР
МАГАЗИН
УНІВЕРСИТЕТ
ЗООПАРК

76 - Agronomía

С	Е	Ї	Ю	С	Е	Щ	Л	К	Щ	Є	Ґ	О	З	Р	Є
И	О	Р	Ж	Я	І	Г	О	Л	О	К	Е	В	Р	О	А
С	В	Т	О	А	Ц	Л	П	І	Д	В	У	О	О	С	Ш
Т	Т	Р	Н	З	Ґ	Ю	Ь	Т	М	И	Ґ	Ч	С	Л	М
Е	Ц	Н	У	Б	І	Р	Н	С	Р	С	Ф	І	Т	И	И
М	И	Д	Р	Б	П	Я	Ь	М	Ь	В	Є	І	А	Н	О
И	Н	Я	Ш	Р	Т	Л	І	В	А	К	У	А	Н	И	Ф
Л	Б	Ґ	І	Б	Б	К	Б	У	Т	Е	И	І	Н	Я	Х
Г	О	С	П	О	Д	А	Р	С	Т	В	О	Й	Я	Я	В
Ь	Р	І	Д	Е	Н	Т	И	Ф	І	К	А	Ц	І	Я	О
К	И	А	В	О	Р	Г	А	Н	І	Ч	Н	И	Й	Н	Р
О	В	И	Р	Б	О	Д	Д	К	Я	І	І	О	Л	Н	О
Е	Е	Є	Є	В	У	А	О	А	П	Ц	В	Л	Ф	І	Б
А	Г	Х	К	Е	Щ	И	В	О	Д	Е	Р	Е	С	С	А
Ф	Г	Л	Е	Х	Я	Н	Н	Е	Н	Д	У	Р	Б	А	З
Ґ	И	Є	П	Ґ	Б	Х	Щ	Б	Я	І	Г	Р	Е	Н	Е

ГОСПОДАРСТВО
ВОДА
НАУКА
ЇЖА
ЗАБРУДНЕННЯ
ЗРОСТАННЯ
ЕКОЛОГІЯ
ЕНЕРГІЯ
ХВОРОБА
ЕРОЗІЯ
ДОБРИВО
ІДЕНТИФІКАЦІЯ
СЕРЕДОВИЩЕ
ОРГАНІЧНИЙ
РОСЛИНИ
ВИРОБНИЦТВО
СІЛЬСЬКИЙ
НАСІННЯ
СИСТЕМИ
ОВОЧІ

77 - Deporte

М	З	Д	О	Р	О	В	Я	Ю	Ч	Ь	Т	Л	Р	Р	Е
Н	Е	М	С	Т	Р	О	П	С	Ш	Т	А	Ц	Ц	О	Л
Х	И	Т	А	В	У	З	І	М	И	С	К	А	М	З	И
Ь	А	Х	А	У	Р	М	Р	Є	Я	І	В	Р	Ш	Т	К
Я	Л	Р	Б	Б	М	Е	Т	А	Ш	Н	Ю	Ь	К	Я	Д
Щ	И	Е	Ч	Б	О	Л	І	Т	Т	Т	У	Т	В	Г	Ю
Ґ	С	Н	Я	У	Ґ	Л	Ц	И	А	А	М	С	Ч	У	А
И	О	Е	Щ	И	В	Є	І	Ф	Х	Д	Р	І	І	В	У
Е	Ь	Р	Ґ	І	Х	А	Ц	Ч	О	З	Щ	Л	С	А	Ц
Б	И	Т	К	Р	Н	Щ	Н	А	Н	Т	А	А	Г	Н	Ц
Ь	Л	М	Х	Ч	И	Ґ	А	Н	Ю	И	С	В	М	Н	Т
Л	Ь	Н	Я	Д	І	Є	Т	А	Я	Д	Й	И	М	Я	Б
Д	Д	Л	Ж	З	С	П	О	Р	Т	Б	К	Р	Ч	Т	Щ
Т	Ь	Ю	Б	Р	И	К	І	С	Т	К	И	Т	Ц	П	І
Ц	И	С	К	Н	А	П	Л	А	В	А	Т	И	Х	Ж	Ю
П	Р	О	Г	Р	А	М	А	Ж	К	Р	П	В	Я	Г	Х

СПОРТСМЕН
ТАНЦІ
ЗДАТНІСТЬ
ТІЛО
СПОРТ
ДІЄТА
ТРЕНЕР
РОЗТЯГУВАННЯ
СИЛА
КІСТКИ
МАКСИМІЗУВАТИ
МЕТА
МЕТАБОЛІЧНИЙ
М'ЯЗИ
ПЛАВАТИ
ХАРЧУВАННЯ
ПРОГРАМА
ВИТРИВАЛІСТЬ
ЗДОРОВ'Я

78 - Ingeniería

О	І	Л	Е	Ж	А	В	Г	Л	С	И	Т	Л	А	Р	Р
И	А	А	Н	И	Ш	А	М	Ь	Х	Є	А	Ь	Щ	О	І
Х	Ь	Ж	Е	Д	Д	І	А	М	Е	Т	Р	Є	Р	З	Д
Ц	І	Л	Р	Б	Д	Ґ	Х	Щ	І	В	Л	С	О	Р	И
Щ	Щ	В	Г	Є	Є	Є	І	Ч	П	Р	Н	И	А	А	Н
Ь	Т	С	І	Н	Ь	Л	І	Б	А	Т	С	Л	Р	Х	А
Р	Л	Е	Я	Р	О	З	П	О	Д	І	Л	А	У	У	Р
К	У	Е	И	Ш	К	Ш	Е	Л	Ґ	Ь	Є	Я	Т	Н	Я
Щ	Т	Ш	З	Д	В	И	Г	У	Н	Ь	В	Б	К	О	Р
Ц	Ю	Е	І	И	И	С	К	Щ	С	Ґ	Ґ	Т	У	К	Т
Я	Я	Я	Ж	Й	Д	Ч	Ь	У	Г	Ь	В	Ш	Р	М	Е
В	И	М	І	Р	Ю	В	А	Н	Н	Я	М	І	Т	Ґ	Р
Б	У	Д	І	В	Н	И	Ц	Т	В	О	О	Ч	С	І	Т
Б	Ч	Ґ	В	Є	Н	Ф	Ґ	В	Б	Л	Ю	М	П	Ь	Я
М	А	Е	Ь	Є	Я	Ч	Н	К	Ч	Ц	У	А	Є	Л	Ь
Ю	Д	І	А	Г	Р	А	М	А	Н	И	Б	И	Л	Г	Ш

КУТ
РОЗРАХУНОК
БУДІВНИЦТВО
ДІАГРАМА
ДІАМЕТР
ДИЗЕЛЬ
РОЗПОДІЛ
ВІСЬ
ЕНЕРГІЯ
СТАБІЛЬНІСТЬ
СТРУКТУРА
ТЕРТЯ
СИЛА
РІДИНА
МАШИНА
ВИМІРЮВАННЯ
ДВИГУН
ВАЖЕЛІ
ГЛИБИНА
РУШІЙ

79 - Comida #1

І	Е	П	Я	Ж	Г	І	П	Н	С	И	Т	Р	Б	Ц	Ч
Ж	Я	Ю	А	М	Р	Ф	Ґ	Ж	М	А	П	І	Р	У	Т
Ь	Щ	І	Ч	К	У	Ґ	Х	О	К	О	Л	О	М	К	Ш
Х	А	Д	Ц	Ц	Ш	О	Х	І	Ґ	С	М	А	К	О	Ф
И	Б	С	Г	Ц	А	І	І	Д	М	Я	Р	Х	Т	Р	Ц
У	І	Т	Ь	Ч	Т	Л	Н	Ь	Ш	М	Б	Б	Л	Ф	П
И	Ь	О	К	Ф	В	Ч	Б	Л	Т	А	Н	И	П	Ш	И
Ш	И	У	О	К	С	Щ	А	И	П	У	С	Х	Е	Г	Ц
О	А	Ф	Р	П	У	С	Т	С	Ю	Я	Н	С	Я	Я	И
Ґ	Ґ	Л	О	Л	Ц	Ж	Я	А	Н	Ц	П	Е	Я	І	Б
В	С	Є	Ь	П	Ш	Г	М	В	С	И	Щ	Є	Ц	Т	У
Х	Т	Н	А	Е	Б	Я	Ф	Ж	Я	Н	К	Д	И	Ь	Л
Г	Л	И	М	О	Н	С	Ц	Р	У	У	І	Б	Р	О	Я
Я	Ч	М	І	Н	Ь	І	Ґ	Н	У	Л	С	І	О	Р	К
М	О	Р	К	В	А	Л	Ю	Г	И	О	В	Я	К	У	К
Д	Ч	Е	Х	Т	У	Ь	Ч	О	Е	П	Ц	Г	Л	Ц	Ґ

ЧАСНИК
ВАСИЛЬ
ТУНЕЦЬ
ЦУКОР
КОРИЦЯ
М'ЯСО
ЯЧМІНЬ
ЦИБУЛЯ
САЛАТ
ШПИНАТ

ПОЛУНИЦЯ
СІК
МОЛОКО
ЛИМОН
М'ЯТА
РІПА
ГРУША
СІЛЬ
СУП
МОРКВА

80 - Antigüedades

А	Є	Е	С	П	Р	А	В	Ж	Н	І	М	І	Д	Е	С
Н	У	І	Л	Б	Е	М	М	Х	Б	Я	Л	Н	Е	Н	Т
І	Г	К	Х	Е	П	Р	Д	Г	Ґ	К	Г	В	С	Т	И
Ц	Р	А	Ц	Д	Г	В	Г	Х	Ж	І	А	Е	Я	У	Л
Д	П	Р	Ц	І	Ш	А	І	Є	Є	С	Л	С	Т	З	Ь
Д	Е	Е	Ф	Н	О	Є	Н	Ь	Д	Т	Е	Т	И	І	И
К	Е	С	Л	В	И	Н	Й	Т	Ц	Ь	Р	И	Л	А	А
Ф	Б	Т	М	И	Ч	Ш	А	С	Н	С	Е	Ц	І	С	Т
А	Я	А	Ц	Т	Т	Ч	Ч	І	Т	И	Я	І	Т	Т	О
М	Е	В	П	А	Ч	Є	И	Н	Г	О	Й	Ї	Т	Ш	Щ
В	Я	Р	Л	Р	І	А	В	Н	Г	Р	Л	Л	Я	В	Е
Щ	А	А	Н	О	О	К	З	І	И	С	Ш	І	К	Г	Г
Ч	Ц	Ц	І	К	Щ	К	Е	Ц	Й	И	Р	А	Т	С	Ш
Т	Є	І	А	Е	Н	Л	Н	М	О	Н	Е	Т	И	Т	Х
И	Л	Я	А	Д	М	И	С	Т	Е	Ц	Т	В	О	С	Я
С	К	У	Л	Ь	П	Т	У	Р	А	Ю	С	Ф	Ч	М	Г

МИСТЕЦТВО
СПРАВЖНІМ
ЯКІСТЬ
ДЕКОРАТИВНІ
ДЕСЯТИЛІТТЯ
ЕЛЕГАНТНИЙ
ЕНТУЗІАСТ
СКУЛЬПТУРА
СТИЛЬ
ГАЛЕРЕЯ
НЕЗВИЧАЙНІ
ІНВЕСТИЦІЇ
МОНЕТИ
МЕБЛІ
ЦІНА
РЕСТАВРАЦІЯ
СТОЛІТТЯ
АУКЦІОН
ЦІННІСТЬ
СТАРИЙ

81 - Literatura

П	Т	В	Ш	Є	Р	А	Е	Я	О	Ж	Ц	Д	Ш	П	А
О	О	О	М	Х	Г	К	Ю	В	С	Ч	Ь	И	І	У	Н
П	Д	Р	П	Х	Е	И	М	Е	Т	А	Ф	О	Р	А	А
И	К	М	І	О	С	Т	И	Л	Ь	М	М	Т	И	Р	Л
С	Е	С	М	В	В	Ґ	Ч	Б	Л	Е	Ч	И	С	Б	І
Ґ	Н	Є	Д	Ь	Н	І	Ж	С	Ь	Т	Т	В	Р	С	З
В	А	Н	А	Ж	С	Я	Д	Д	І	А	Л	О	Г	Є	А
И	Я	І	Г	О	Л	А	Н	А	Р	О	М	А	Н	О	В
Г	І	Ц	Ь	Ж	Ю	В	Ґ	Н	Ч	Ц	К	В	Ш	Н	І
А	Ф	І	Х	Ч	С	І	С	У	Я	Ф	У	И	Н	Ш	Р
Д	А	П	О	Е	Т	И	Ч	Н	И	Й	Т	С	М	Ж	Ш
К	Р	Т	Р	А	Г	Е	Д	І	Я	Р	С	Н	Л	А	П
А	Г	Ж	М	Л	Я	М	Ґ	Б	Ш	М	Ч	О	М	В	Є
А	О	Ж	Н	І	Л	Г	Х	Ґ	Ь	Т	Ь	В	Г	Т	Н
К	І	Є	К	Ф	Ґ	Е	Г	Ж	Ь	П	Е	О	І	О	Ґ
Ц	Б	Ч	О	М	Ж	Ж	Р	Ч	Ш	Ч	І	К	Е	Р	Ф

АНАЛОГІЯ
АНАЛІЗ
АНЕКДОТ
АВТОР
БІОГРАФІЯ
ПОРІВНЯННЯ
ВИСНОВОК
ОПИС
ДІАЛОГ
СТИЛЬ
ВИГАДКА
МЕТАФОРА
ОПОВІДАЧ
РОМАН
ВІРШ
ПОЕТИЧНИЙ
РИМА
РИТМ
ТЕМА
ТРАГЕДІЯ

82 - Química

К	Т	Е	М	П	Е	Р	А	Т	У	Р	А	К	Х	М	П
А	Г	А	В	О	Ж	Р	Ж	Ф	Р	І	Б	Ь	Я	Я	Я
Т	Е	Ф	Я	Е	Ф	Я	Л	Д	Є	В	Ч	Ш	Щ	І	І
А	Л	Н	Т	И	Ч	А	Ц	Щ	Б	Ґ	Н	У	Ґ	Ц	Д
Л	Е	Х	Я	Е	П	Ф	Т	Г	Ь	М	Х	Є	Ц	К	У
І	К	Л	Х	Е	П	А	Т	О	Л	С	И	К	Г	А	З
З	Т	О	Б	М	И	Л	А	Т	Е	М	К	Є	У	Е	Б
А	Р	Р	Є	Щ	П	У	О	У	Т	В	И	І	С	Р	А
Т	О	Я	О	Я	М	К	Ф	Е	Ю	Ґ	У	С	Ь	Ш	Т
О	Н	В	М	Д	Я	Е	Л	Е	В	О	Д	Е	Н	Ь	Ш
Р	Ч	Щ	Н	Е	Щ	Л	С	Р	Р	Б	Е	Я	Е	Ц	Р
Ь	І	Я	Ш	Р	Н	О	І	Ш	І	М	И	О	С	Е	Х
Я	Ь	М	Х	Н	Ж	М	Л	П	Ц	Д	Е	И	И	Л	Б
В	І	С	А	И	Є	Б	Ь	Х	К	Д	И	Н	К	Г	Г
Ш	М	Л	В	Й	Н	Д	Ь	С	К	Ш	Е	Н	Т	У	І
Ш	І	П	И	Н	Ю	Л	У	Ж	Н	И	Й	К	А	В	Ф

ЛУЖНИЙ
КИСЛОТА
ТЕПЛО
ВУГЛЕЦЬ
КАТАЛІЗАТОР
ХЛОР
ЕЛЕКТРОН
ФЕРМЕНТ
ГАЗ
ВОДЕНЬ
ІОН
РІДИНА
МЕТАЛИ
МОЛЕКУЛА
ЯДЕРНИЙ
КИСЕНЬ
ВАГА
РЕАКЦІЯ
СІЛЬ
ТЕМПЕРАТУРА

83 - Gobierno

С	Я	Е	Я	Е	О	Р	Й	І	Ц	В	Н	І	Ф	Х	Ж
М	Т	Ш	Л	О	Б	Ч	И	М	О	В	Л	Е	Н	Н	Я
Н	Н	А	Ь	Ш	Г	Л	Н	О	К	А	З	Ґ	Ю	Г	Ц
Е	А	К	Н	Г	О	Д	Ь	Т	С	І	Н	В	І	Р	С
З	Ц	И	О	Р	В	А	Л	Ч	О	Щ	Ш	П	І	Ь	У
А	І	Т	Й	О	О	Я	І	Т	А	Р	К	О	М	Е	Д
Л	О	І	А	М	Р	І	В	Л	І	Д	Е	Р	Ґ	Ц	О
Е	Н	Л	Р	А	Е	Ц	И	П	Н	С	Я	Ґ	Л	Б	В
Ж	А	О	О	Д	Н	У	Ц	Р	И	А	И	І	Х	В	О
Н	Л	П	С	Я	Н	Т	Б	А	Д	Д	Ц	М	И	Ґ	Ї
І	Ь	Щ	К	Н	Я	И	У	В	К	О	Ф	І	В	Я	Б
С	Н	В	Ч	С	Г	Т	И	А	У	Б	І	Т	Я	О	П
Т	И	П	Ф	Т	Ю	С	М	Ь	І	О	О	Ш	Б	Я	Л
Ь	Й	И	Є	В	Ж	Н	Ф	К	Р	В	А	К	В	Ґ	Г
Ш	Ю	М	Ж	О	Є	О	Г	Н	У	С	Д	Є	Ц	Ф	А
Т	Г	Х	В	П	Є	К	П	А	М	Я	Т	Н	И	К	Е

ГРОМАДЯНСТВО
ЦИВІЛЬНИЙ
КОНСТИТУЦІЯ
ДЕМОКРАТІЯ
ПРАВА
МОВЛЕННЯ
ОБГОВОРЕННЯ
РАЙОН
СТАН
РІВНІСТЬ
НЕЗАЛЕЖНІСТЬ
СУДОВОЇ
ЗАКОН
СВОБОДА
ЛІДЕР
ПАМ'ЯТНИК
НАЦІОНАЛЬНИЙ
НАЦІЯ
ПОЛІТИКА
СИМВОЛ

84 - Creatividad

Д	П	І	А	И	К	Л	Ж	К	Ю	І	Д	Е	Ї	Ш	Т
Р	Ш	Н	В	В	П	Л	И	Н	Н	І	С	Т	Ь	Я	Б
А	С	Т	Я	Т	Т	У	Ч	Д	І	В	Г	Б	Ш	Ш	К
М	Ж	У	У	Ц	Ф	Е	Я	Н	Н	Е	Н	Х	Т	А	Н
А	В	Ї	Ь	Т	С	І	Н	В	И	С	Н	Е	Т	Н	І
Т	К	Ц	Е	Ґ	Ю	І	Н	Т	Й	Г	М	Г	Ш	Л	Н
И	Ї	І	Ц	О	М	Е	Е	Г	И	М	П	Т	Ф	Г	А
Ч	И	Я	Д	Д	Ц	В	Ж	Є	Н	Ч	Ц	Ц	Є	Ь	В
Н	Ц	Л	Б	О	С	Р	А	Я	Н	Ц	Н	Й	И	Ю	И
І	К	Щ	Ь	Ь	П	А	Р	С	А	М	Е	І	Ч	Ґ	Ч
В	И	Р	А	З	О	Ж	Б	Ь	Т	С	І	Н	С	Я	К
Ґ	Н	Ж	І	Е	Ч	Е	О	Є	Н	Т	Ю	Ж	Х	Т	А
Ц	К	У	Ю	Ч	У	Н	З	Я	О	Б	И	О	Е	Ф	Ь
Ч	А	І	Ж	Ч	Т	Н	О	Ґ	П	Ч	К	Д	Г	Ф	В
Н	Л	И	Ц	У	Т	Я	К	А	С	Ф	В	У	М	А	С
Д	К	Д	Ц	Ь	Я	Н	Н	Е	Ч	А	Б	Х	І	И	Ш

ХУДОЖНІЙ
АВТЕНТИЧНІСТЬ
ЯСНІСТЬ
ДРАМАТИЧНІ
ЕМОЦІЇ
СПОНТАННИЙ
ВИРАЗ
ПЛИННІСТЬ
НАВИЧКА
ІДЕЇ
ЗОБРАЖЕННЯ
УЯВА
ВРАЖЕННЯ
НАТХНЕННЯ
ІНТЕНСИВНІСТЬ
ІНТУЇЦІЯ
ВІДЧУТТЯ
ПОЧУТТЯ
БАЧЕННЯ

85 - Filantropía

Л	И	Ь	У	Н	А	А	Д	А	М	О	Р	Г	Б	Ч	А
Ю	Ґ	К	О	Ф	И	П	Ц	І	О	В	Т	С	Д	Ю	Л
Д	Д	И	Н	Б	Д	С	У	С	Л	М	К	В	Ц	О	В
И	М	А	Р	Г	О	Р	П	І	О	І	В	М	Г	Б	Ю
М	Х	А	Ь	Н	К	Ь	Й	Є	Д	Ж	Ц	І	Р	Є	І
К	О	Н	Т	А	К	Т	И	Л	Ь	С	Т	С	О	М	П
Х	О	П	С	Б	Г	С	Н	Т	И	Є	С	І	М	Н	Ч
Щ	П	Є	І	Е	Х	І	Ь	І	Ш	С	Х	Я	А	Є	В
І	Д	Н	Н	Р	Д	Р	Л	Г	Ц	О	Д	Ч	Д	К	К
Я	Ф	У	С	Т	І	Д	А	Р	Я	Н	К	Б	С	Ґ	Л
Щ	І	Т	Е	О	Т	Е	Б	У	Ш	Д	К	О	Ь	Л	В
И	Н	Р	Ч	П	И	Щ	О	П	Ь	Д	И	Ч	К	П	Я
Ч	А	У	О	Н	Н	Б	Л	И	Н	Е	Н	Е	И	Б	И
Ь	Н	Т	С	Т	Л	Д	Г	С	Щ	К	Щ	Б	Й	П	Н
Б	С	К	Ь	Т	С	І	Н	Й	І	Д	О	Г	А	Л	Б
Ц	И	Г	Р	І	Ц	І	А	Д	Ж	С	Є	М	Ґ	Г	Г

БЛАГОДІЙНІСТЬ
ГРОМАДА
КОНТАКТИ
ФІНАНСИ
КОШТИ
ЩЕДРІСТЬ
ЛЮДИ
ГЛОБАЛЬНИЙ
ГРУПИ
ІСТОРІЯ
ЧЕСНІСТЬ
ЛЮДСТВО
МОЛОДЬ
ЦІЛІ
МІСІЯ
ПОТРЕБА
ДІТИ
ПРОГРАМИ
ГРОМАДСЬКИЙ

86 - Clima

П	Н	Я	Р	Ж	Б	К	Н	Ж	Є	Е	Ф	А	Щ	В	Ш
Т	В	Н	Н	В	Д	Л	У	Т	Б	Є	Ґ	Ґ	І	Р	Н
А	А	Ф	Ь	И	У	І	Х	У	С	Г	И	С	К	Г	Ґ
Ф	С	Ш	Х	И	І	М	Л	Д	Я	Б	И	Ь	А	Б	Б
Х	М	А	Р	А	Л	А	Р	Е	Ф	С	О	М	Т	А	Л
Л	Б	Ь	У	А	Ж	Т	Ц	Ю	Ш	Р	Х	Ґ	Е	Р	И
Т	Г	Щ	Б	Т	У	Г	Ж	Ф	Ш	Щ	І	Є	Я	У	С
Г	О	М	У	С	О	Н	А	М	У	Т	Щ	І	У	Т	К
П	О	Р	Е	Т	І	В	Є	М	Е	Б	Г	О	Р	А	А
Х	Й	И	Н	Ч	І	П	О	Р	Т	П	У	Б	А	Р	В
П	Є	Т	П	А	Я	Ю	Х	Н	Е	Б	О	Р	Г	Е	К
Х	Т	В	Я	О	Д	Г	Р	И	М	Ч	Ж	И	А	П	А
Л	Т	У	Ж	Н	С	О	І	Ш	І	І	Щ	З	Н	М	А
П	О	В	І	Н	Ь	У	М	Я	Ц	А	Ш	У	Ґ	Е	М
Г	Е	Ш	Ц	Х	Р	Х	Х	К	І	Т	Н	Е	Щ	Т	И
П	О	Л	Я	Р	Н	И	Й	А	Ю	Ч	Я	О	У	Т	И

АТМОСФЕРА
БРИЗ
НЕБО
КЛІМАТ
ЛІД
УРАГАН
ПОВІНЬ
МУСОН
ТУМАН
ХМАРА
ПОЛЯРНИЙ
БЛИСКАВКА
СУХІ
ПОСУХА
ТЕМПЕРАТУРА
БУР
ТОРНАДО
ТРОПІЧНИЙ
ГРИМ
ВІТЕР

87 - Comida #2

А	А	І	Ч	Ш	Н	І	С	Н	П	Я	Ж	Б	О	Ь	Ь
Ф	Р	Ч	Л	Л	У	О	У	П	Ш	М	Я	Щ	Ш	Е	О
М	Ґ	Т	С	А	В	А	Ю	П	Е	Д	І	Н	І	С	Б
Р	Ч	Б	И	П	В	И	Ш	Б	Н	Х	Ц	Є	І	О	А
Ж	Ж	А	Я	Ш	У	У	У	А	И	Р	У	Б	Х	Н	К
Я	Ш	С	И	Р	О	С	Я	Д	Ц	И	Щ	Ш	П	Я	Л
П	Ч	І	Є	В	Н	К	Е	А	Я	С	Ж	Ч	Щ	Ш	А
О	Г	Г	Д	У	Ю	Ч	Ь	Л	А	Д	Г	И	М	Н	Ж
К	І	В	І	І	П	І	Ь	О	Е	А	О	К	Й	И	А
У	Ф	Ґ	В	Ш	О	М	К	К	Е	Р	Ш	У	О	К	Н
Л	М	Х	Ґ	Я	М	Б	А	О	Ш	Г	А	Р	Г	И	Б
Б	І	Л	Х	Й	І	И	Д	Ш	Я	О	С	К	У	А	У
Я	Ж	Л	Т	Ц	Д	Р	Ш	О	К	Н	Ю	А	Р	Е	Е
А	Д	Ч	І	Е	О	І	Ц	А	Н	И	Ш	Ш	Т	У	Ш
Ц	У	С	Е	М	Р	Є	Е	Т	Х	В	Ч	И	Ґ	Ц	К
Я	Н	Б	А	Н	А	Н	І	П	Л	П	М	Є	В	Ґ	Д

АРТИШОК
МИГДАЛЬ
СЕЛЕРА
РИС
БАКЛАЖАН
ВИШНЯ
ШОКОЛАД
СОНЯШНИК
ЯЙЦЕ
ІМБИР
КІВІ
ЯБЛУКО
ХЛІБ
БАНАН
КУРКА
СИР
ПОМІДОР
ПШЕНИЦЯ
ВИНОГРАД
ЙОГУРТ

88 - Diplomacia

Г	Е	Ґ	Ж	Х	Ю	Р	І	В	О	Г	О	Д	А	К	П
У	Ц	Т	Ф	Р	Б	Ї	І	Н	А	П	М	А	К	О	О
М	І	У	И	Е	Б	Ш	Ґ	Ш	У	И	И	С	И	Н	С
А	Л	Р	Й	К	С	І	Ш	В	Е	Ч	М	Щ	Т	Ф	О
Н	І	Я	И	Я	А	Ф	У	Л	Ь	Н	Ь	Ц	І	Л	Л
І	С	Д	Н	Я	Б	Щ	Ю	О	Ь	Ґ	Н	В	Л	І	Ь
Т	Н	Х	Ч	Н	Ц	Е	Ж	С	К	Е	И	Я	О	К	С
А	І	Й	И	Н	М	Е	З	О	Н	І	Г	Я	П	Т	Т
Р	С	Т	Т	Е	Ф	Н	Г	П	Р	А	Д	Н	И	К	В
Н	Т	И	А	Р	Г	Ю	М	П	Е	Ч	Г	Р	Ф	И	О
И	Ь	Д	М	О	Ф	Я	І	О	К	К	Я	М	Ч	И	Ґ
Й	І	Ш	О	В	І	М	Щ	И	А	Д	А	М	О	Р	Г
У	Ь	Т	Л	О	С	П	І	В	П	Р	А	Ц	Я	Ю	Л
Н	Є	М	П	Г	Р	Е	З	О	Л	Ю	Ц	І	Я	Ь	Ю
Г	Н	Б	И	Б	Щ	У	И	М	Ж	Е	Ц	Л	Н	К	Є
Ь	Ґ	Ж	Д	О	Щ	О	Г	Ц	У	У	Д	Р	Я	К	С

РАДНИК
КАМПАНІЇ
ГРОМАДА
КОНФЛІКТ
СПІВПРАЦЯ
ДИПЛОМАТИЧНИЙ
ОБГОВОРЕННЯ
ПОСОЛЬСТВО
ПОСОЛ
ІНОЗЕМНИЙ
ЕТИКА
УРЯД
ГУМАНІТАРНИЙ
МОВИ
ЦІЛІСНІСТЬ
ПОЛІТИКА
РЕЗОЛЮЦІЯ
БЕЗПЕКА
РІШЕННЯ
ДОГОВІР

89 - Herboristería

І	А	К	Щ	Я	Д	І	В	Р	Н	Б	Т	Ф	І	Д	И
Н	Н	Р	С	П	Щ	Т	А	М	О	Р	А	Ь	И	А	Ф
К	А	Г	О	Г	У	И	С	А	Г	С	Ч	Ґ	Б	Є	К
В	Р	Н	Р	М	Ч	В	И	Н	А	Д	Л	К	И	Ю	Ю
І	Ф	Ґ	Х	Е	А	Ґ	Л	І	Р	Х	Ж	И	Е	Б	Б
Т	А	Ю	И	Ф	Д	Т	Ь	Ц	Т	Т	У	Н	Н	Д	Р
К	Ш	Ч	А	Ф	Ю	І	И	Р	С	К	І	С	П	А	О
А	Я	К	І	С	Т	Ь	Є	Ч	Е	Р	Ш	А	Е	Щ	З
Ф	Е	Н	Х	Е	Л	Ь	Б	Н	Н	С	М	Ч	Т	П	М
М	А	Й	О	Р	А	Н	М	Н	Т	И	П	І	Р	К	А
Л	А	В	А	Н	Д	А	Я	Ш	О	С	Й	Ь	У	У	Р
Ц	У	И	Ч	С	А	Є	Т	С	С	І	Л	Ф	Ш	Є	И
Л	В	М	И	Ю	С	Д	А	Е	Ш	Ч	И	М	К	Є	Н
З	Е	Л	Е	Н	И	Й	Е	Я	С	Н	Б	Ж	А	Ь	К
К	У	Л	І	Н	А	Р	Н	І	Л	Д	А	Л	Є	Ґ	Ц
Ц	Я	Ч	П	Б	Ь	В	Я	У	І	О	Щ	О	Є	А	Є

ЧАСНИК
ВАСИЛЬ
АРОМАТИЧНИЙ
ШАФРАН
ЯКІСТЬ
КУЛІНАРНІ
КРІП
ЕСТРАГОН
КВІТКА
ФЕНХЕЛЬ
ІНГРЕДІЄНТ
САД
ЛАВАНДА
МАЙОРАН
М'ЯТА
ПЕТРУШКА
РОСЛИНА
РОЗМАРИН
АРОМАТ
ЗЕЛЕНИЙ

90 - Energía

Т	Е	Е	Е	Р	Ц	Ц	М	С	О	И	Ж	Л	Б	Т	П
Е	Л	Н	О	А	Д	С	Ю	Й	И	Н	Р	Е	Д	Я	О
П	Е	Т	Д	М	Ь	О	М	И	Б	К	Т	Ц	Р	Л	Н
Л	К	Р	Ф	Я	Н	Н	Е	Н	Д	У	Р	Б	А	З	О
О	Т	О	Д	О	С	Ц	Ж	Ч	В	П	Ш	А	Л	П	В
А	Р	П	В	Р	Т	Е	Ж	И	Ц	Я	Е	Ґ	Л	И	Л
Р	О	І	И	Т	Ф	О	Ь	Р	Н	Е	Ж	Х	Ц	И	Ю
В	Н	Я	Г	С	К	Х	Н	Т	У	Р	Б	І	Н	А	В
В	У	Є	У	Б	Д	С	Е	К	Д	А	Я	С	И	Д	А
І	Ю	Г	Н	П	Р	Ж	Д	Е	Ц	Т	Г	Я	З	Л	Н
Т	Т	Д	Л	И	А	Х	О	Л	Ц	А	Д	Н	Н	Т	И
Е	І	Х	Д	Е	П	Л	В	Е	У	Б	К	Т	Е	М	Х
Р	П	Я	Н	Г	Ц	О	И	С	Ч	Р	Т	Ж	Б	Р	Я
Ґ	П	В	Щ	Ч	Ш	Ь	І	В	Д	И	З	Е	Л	Ь	В
Х	Щ	У	Ш	Т	Ш	Ш	Ц	Н	О	Н	К	Ф	Ґ	В	П
П	Р	О	М	И	С	Л	О	В	О	С	Т	І	Ф	М	Д

БАТАРЕЯ
ТЕПЛО
ВУГЛЕЦЬ
ПАЛИВО
ЗАБРУДНЕННЯ
ДИЗЕЛЬ
ЕЛЕКТРОН
ЕЛЕКТРИЧНИЙ
ЕНТРОПІЯ
ФОТОН
БЕНЗИН
ВОДЕНЬ
ПРОМИСЛОВОСТІ
ДВИГУН
ЯДЕРНИЙ
ПОНОВЛЮВАНИХ
СОНЦЕ
ТУРБІНА
ПАР
ВІТЕР

91 - Insectos

Е	Ш	К	М	К	Ю	В	Р	Л	Е	Щ	Т	Л	Х	Л	К
Р	Е	О	Т	Е	В	Ь	Ч	О	Т	Х	Ц	Ф	Р	Т	В
А	Ш	Н	Ц	Ж	Т	Н	Д	В	Е	Ь	И	И	О	Ш	К
І	Ю	И	К	Ш	Щ	Е	В	Я	Ґ	О	К	Ф	Б	Ґ	Т
Ю	С	К	О	Н	Ж	Ш	Л	Ц	Х	Т	А	Д	А	И	Р
А	И	И	М	Г	О	Р	Б	И	Т	Ґ	Д	Є	К	С	Е
Л	Е	Є	А	Ґ	С	Е	Л	Л	К	Б	А	О	Ь	К	Ц
О	Ґ	Ж	Р	Щ	А	Ш	О	Е	Т	Т	Ґ	К	П	Ю	Р
Ж	М	Ґ	Ь	П	Р	Л	Х	П	Е	Б	Я	Л	Л	Ю	О
Д	Л	Р	Ґ	Ю	А	И	А	О	Ю	Т	Е	А	О	І	К
Б	А	Б	К	А	Н	Ч	Х	П	Н	О	А	Д	М	О	М
К	Ь	Б	С	У	А	И	А	Е	И	Ь	С	Р	О	С	Ц
Ц	И	Т	Ь	Є	Ж	Н	Р	Б	П	А	О	А	Г	Г	В
Т	Е	Р	М	І	Т	К	У	П	И	Ж	С	А	О	А	Є
Ц	С	Л	Б	Ч	Е	А	М	М	Ч	Л	Н	Д	Б	Ж	Н
С	О	Н	Е	Ч	К	О	Ч	Н	А	Є	Щ	Р	Н	Ц	Ь

БДЖОЛА
ОСА
ШЕРШЕНЬ
ПОПЕЛИЦЯ
ЦИКАДА
ТАРГАН
ЖУК
ХРОБАК
МУРАХА
САРАНА
ЛИЧИНКА
БАБКА
БОГОМОЛ
МЕТЕЛИК
СОНЕЧКО
КОМАР
БЛОХА
КОНИК
ТЕРМІТ

92 - Especias

І	М	Б	И	Р	К	М	Л	П	С	О	Л	О	Д	К	А
О	О	И	И	Ж	К	Г	Н	Е	Я	А	Ц	Ш	И	Ш	П
Ф	Б	Ч	В	П	В	Т	М	Р	Ь	Л	І	С	Д	У	І
С	О	Л	О	Д	К	И	Й	Е	Ш	Р	У	Ц	К	С	Щ
М	І	Л	І	Н	А	В	Н	Ц	Я	Н	С	Б	М	М	Д
Д	Є	Н	Т	Г	Р	Ю	С	Ь	М	О	О	М	И	Ж	Ю
І	Р	Р	А	К	О	Р	И	Ц	Я	М	Р	С	Н	Ц	Ш
Ь	Г	Є	М	П	А	П	Р	И	К	А	У	Х	К	Б	Ш
Ч	А	Н	О	Ф	Х	Г	В	О	З	Д	И	К	А	Ж	А
Ґ	И	Ь	Р	А	Е	Р	А	І	Ю	Р	Б	Ж	Т	Є	Ф
Ж	І	Д	А	Г	Й	Н	М	Ь	Щ	А	Ґ	Е	Ц	Ф	Р
Є	Г	І	Р	К	И	Й	Х	К	П	К	П	Я	Р	Н	А
Р	С	О	Ж	С	Л	Ф	А	Е	Ч	А	С	Н	И	К	Н
Х	Г	К	Г	А	С	Л	К	Н	Л	Ґ	Ч	Ф	Т	Н	Р
Е	Т	Х	И	А	И	Ю	С	С	Я	Ь	Я	Ґ	Е	П	Г
Д	Е	Д	Х	С	К	Є	А	У	В	И	Х	Г	Ц	Ю	Е

КИСЛИЙ
ЧАСНИК
ГІРКИЙ
АНІС
ШАФРАН
КОРИЦЯ
КАРДАМОН
ЦИБУЛЯ
ГВОЗДИКА
КМИН

КАРРІ
СОЛОДКИЙ
ФЕНХЕЛЬ
ІМБИР
ПАПРИКА
ПЕРЕЦЬ
СОЛОДКА
АРОМАТ
СІЛЬ
ВАНІЛІ

93 - Universo

О	Т	Х	Ч	Ґ	Р	Ґ	Е	В	И	Д	И	М	И	Й	Ш
С	Р	Л	М	У	А	А	К	И	Т	К	А	Л	А	Г	В
О	Г	Б	Є	Ш	О	П	В	Ц	Е	Ч	І	Р	Ю	К	Д
Н	О	Н	І	І	В	Є	А	Ф	Г	М	А	И	П	Ю	К
Я	Р	Т	Ь	Т	Ґ	А	Т	Д	Ї	О	Р	Е	Т	С	А
Ч	И	Е	М	Е	А	С	О	К	Х	Н	Е	Ґ	У	Ж	Т
Н	З	М	А	У	Ф	Т	Р	О	Ш	О	Ф	Ц	Є	С	О
И	О	Р	Г	Ж	Е	Р	А	С	Н	Р	С	Н	Л	Ц	Г
Й	Н	Я	Б	А	Ч	О	Ф	М	Г	Т	О	Е	М	Ф	В
Е	Т	В	Є	Н	Т	Н	Я	І	Є	С	М	Б	О	Ц	О
О	Ь	А	Д	Н	А	О	Ч	Ч	М	А	Т	Е	Е	И	Д
Т	Ц	И	С	А	И	М	Р	Н	У	Ш	А	С	М	Н	Ц
С	Я	Л	У	К	В	І	П	И	Є	И	Н	Н	В	П	И
Ц	С	Р	В	Щ	И	Я	И	Й	Ш	И	У	И	Ф	Є	П
Б	І	Т	Е	Л	Е	С	К	О	П	П	У	Й	Х	В	Х
И	М	С	О	Н	Ц	Е	С	Т	О	Я	Н	Н	Я	Т	І

АСТЕРОЇД
АСТРОНОМІЯ
АСТРОНОМ
АТМОСФЕРА
НЕБЕСНИЙ
НЕБО
КОСМІЧНИЙ
ЕКВАТОР
ГАЛАКТИКА
ПІВКУЛЯ
ГОРИЗОНТ
ШИРОТА
ДОВГОТА
МІСЯЦЬ
ТЕМРЯВА
ОРБІТА
СОНЯЧНИЙ
СОНЦЕСТОЯННЯ
ТЕЛЕСКОП
ВИДИМИЙ

94 - Jazz

Ю	Д	Ж	Х	К	Л	Т	Б	Х	Г	Щ	В	Щ	М	Ґ	У
А	Н	У	У	И	О	Т	А	Л	А	Н	Т	И	Б	Й	Е
Л	К	Ю	Д	Н	Д	Н	Т	Г	У	О	П	Т	Д	И	Н
Ь	Д	Ґ	О	А	Ь	Л	Ц	Я	В	В	Щ	Ж	А	Н	Р
Б	Ь	Ж	Ж	Б	Л	О	Ь	Е	И	Х	П	М	У	А	О
О	Ь	Я	Н	А	И	К	І	В	Р	Ц	Я	В	В	Р	Т
М	М	Т	И	Р	Т	Т	С	Ф	Ю	Т	Ю	А	І	Б	И
А	Г	В	К	А	С	О	Р	К	Е	С	Т	Р	Д	О	З
Т	К	Н	О	Б	С	Т	А	Р	И	Й	Г	Ф	О	П	О
Е	В	Ц	М	У	З	И	К	А	Ґ	С	Ж	Я	М	І	П
Х	И	Ю	Е	Г	Ш	У	Л	Н	Ь	Ж	Я	Д	И	С	М
Н	Р	К	Н	Н	М	В	Є	М	Ж	Е	Є	Ж	Й	Н	О
І	А	У	Т	Г	Т	И	Ь	Я	Ю	М	Ц	К	И	Я	К
К	І	М	П	Р	О	В	І	З	А	Ц	І	Я	В	Д	А
А	Є	Л	Г	Щ	Л	Б	О	Ж	Г	Г	Н	Ж	О	Г	І
Л	У	В	Е	И	Ь	Ш	К	Ш	Р	К	Б	Д	Н	І	Ь

ХУДОЖНИК
АЛЬБОМ
ПІСНЯ
СКЛАД
КОМПОЗИТОР
КОНЦЕРТ
СТИЛЬ
АКЦЕНТ
ВІДОМИЙ
ОБРАНИЙ
ЖАНР
ІМПРОВІЗАЦІЯ
МУЗИКА
НОВИЙ
ОРКЕСТР
РИТМ
ТАЛАНТ
БАРАБАНИ
ТЕХНІКА
СТАРИЙ

95 - Mediciones

Л	І	Т	Р	Ю	Д	Д	Ю	Й	М	Ґ	К	Т	Щ	Н	У
А	Б	Ш	Е	К	У	Ж	Р	И	Ш	Ц	Ч	О	Є	Д	Ґ
Х	В	И	Л	И	Н	А	Ж	В	А	Р	Ф	Н	Б	О	Я
В	Ш	М	Ш	Г	Ч	Т	М	О	Щ	Е	Ф	Н	Ш	Ь	Г
Є	А	И	А	Т	Л	О	А	К	О	У	Щ	А	Д	Ш	Р
У	Щ	Г	Р	С	Ь	С	Р	Т	Е	М	О	Л	І	К	А
В	В	Я	А	И	А	И	Г	Я	І	Ц	Н	У	П	С	М
Г	Ц	С	Б	Е	Н	В	О	С	Р	У	Х	И	Д	Т	И
А	М	Б	Б	В	Ф	А	Л	Е	Т	Н	Х	П	О	У	Щ
Щ	Н	О	Е	Ф	К	У	І	Д	Е	Е	К	І	В	П	Ж
Ф	У	Ч	Г	Ґ	Г	Е	К	Ґ	М	Е	Т	Р	Ж	І	Е
М	Д	Я	Х	О	М	Ю	Ю	І	И	Я	Ь	Х	И	Н	Ч
М	Д	С	Р	М	О	Ь	Ф	Т	Т	І	В	Щ	Н	Ь	Ю
Х	Ш	Щ	Б	С	А	Н	И	Д	Н	Щ	Х	Е	А	У	Г
Б	А	Й	Т	Ц	Щ	К	С	Ж	А	Н	И	Б	И	Л	Г
І	Ґ	М	Ч	С	Ц	І	У	Х	С	Ц	Л	Ґ	Г	Є	Х

ВИСОТА
ШИРИНА
БАЙТ
САНТИМЕТР
ДЕСЯТКОВИЙ
СТУПІНЬ
ГРАМ
КІЛОГРАМ
КІЛОМЕТР
ЛІТР
ДОВЖИНА
МАСА
МЕТР
ХВИЛИНА
УНЦІЯ
ВАГА
ГЛИБИНА
ДЮЙМ
ТОННА
ОБСЯГ

96 - Barcos

Т	П	Р	Р	Ч	Л	Ь	Ц	Н	Е	Р	О	М	І	О	Д
Х	Щ	І	К	Ь	С	Р	О	М	Ж	К	Ь	Л	Т	Ш	Ж
Я	Щ	Ч	Ш	Я	Б	Г	Т	Щ	Є	Ґ	І	Д	Т	Щ	А
Х	Б	К	И	Н	Ь	Л	И	Р	Т	І	В	П	Т	Л	М
Г	У	А	К	З	У	Т	О	М	О	Р	О	П	А	Х	О
М	Й	К	Л	Н	О	Ц	Л	Г	Б	Ч	Ю	П	О	Ж	Р
Ґ	О	Ц	Д	Г	К	А	Я	К	П	К	Я	М	К	Б	Я
Е	О	Р	Е	З	О	П	Р	И	П	Л	И	В	Е	Ж	К
П	Ж	С	С	О	С	Щ	І	М	І	М	Л	В	А	Д	У
П	П	Ш	Е	Ь	Р	Г	И	Ш	Ґ	О	А	И	Н	Є	А
Ґ	Ж	Ш	О	П	К	Ц	В	Ч	И	А	Г	Ґ	Д	Е	Я
І	И	Р	Н	У	Г	И	В	Д	В	Ю	Щ	Ч	П	В	Ґ
Б	О	Щ	А	Т	Х	Я	Й	Я	К	І	Р	І	Л	В	Ж
Ф	Г	В	К	Ш	Ю	І	А	П	Ґ	О	Д	С	І	Ь	Є
Ґ	У	Р	Я	А	О	Р	Ь	Х	Ч	Ґ	Ш	Е	Т	Ж	Я
Ю	И	О	Н	Ш	Ш	Ґ	М	Е	Б	Д	Б	Н	А	Д	У

ЯКІР
ПЛІТ
БУЙ
КАНОЕ
МОТУЗКА
ПОРОМ
КАЯК
ОЗЕРО
МОРЕ
ПРИПЛИВ
МОРЯК
МОРСЬКИЙ
ЩОГЛА
ДВИГУН
МОРСЬКІ
ОКЕАН
РІЧКА
ЕКІПАЖ
ВІТРИЛЬНИК
ЯХТА

97 - Antártida

З	Е	Ш	Ц	В	С	Н	И	П	Ю	Щ	И	І	А	Ш	М
Б	К	Є	Ґ	Д	К	М	Н	Ч	Ф	П	С	Е	У	Ц	Т
Е	С	Г	Ш	М	Е	В	І	К	И	В	О	Д	О	Ь	Л
Р	П	М	Щ	І	Л	І	В	Г	А	Х	С	І	Е	Я	У
Е	Е	Ц	Т	Н	Я	Р	Г	Ґ	Р	Х	Ч	Л	В	І	С
Ж	Д	Ч	Б	Е	С	Т	Н	Е	У	А	Ґ	Г	О	Ф	К
Е	И	Ц	Г	Р	Т	С	І	Г	Т	Т	Ц	В	Д	А	Ш
Н	Ц	Ц	Е	А	И	О	П	Ч	А	П	Є	І	А	Р	С
Н	І	Х	О	Л	Й	Т	Е	Я	Р	А	В	Р	Я	Г	Ж
Я	Я	М	Г	И	И	Н	Т	Н	Е	Н	И	Т	Н	О	К
Т	С	А	Р	Ц	В	Д	Ч	Л	П	Е	У	С	Ю	П	Ь
Л	Є	Р	А	Ь	О	Ф	Д	Н	М	Я	Т	О	Ж	О	Р
Ґ	Х	И	Ф	Ю	К	Н	И	Д	Е	В	Щ	В	Д	Т	О
Д	Б	Л	І	В	У	Щ	Б	Я	Т	К	Н	І	Е	Щ	Ф
В	Ц	П	Я	Ж	А	Т	Х	У	Б	Ю	Г	П	С	Ь	Д
Т	Ю	Г	Н	Г	Н	Р	Д	О	С	Л	І	Д	Н	И	К

ВОДА
БУХТА
НАУКОВИЙ
ЗБЕРЕЖЕННЯ
КОНТИНЕНТ
ЕКСПЕДИЦІЯ
ГЕОГРАФІЯ
ЛЬОДОВИКІВ
ЛІД
ДОСЛІДНИК
ОСТРІВ
МІГРАЦІЯ
МІНЕРАЛИ
ХМАРИ
ПТАХ
ПІВОСТРІВ
ПІНГВІНИ
СКЕЛЯСТИЙ
ТЕМПЕРАТУРА
ТОПОГРАФІЯ

98 - Mamíferos

В	Д	Г	Т	Ґ	Ф	О	Ь	Н	Є	Ц	У	Р	Ь	Ч	Я
Є	Е	С	Л	О	Н	С	У	Х	В	Т	Ц	К	А	Г	Д
Н	Л	Е	С	О	К	И	Т	І	В	Т	Ь	Т	Я	Ж	Ш
У	Ь	Д	І	М	Д	Е	В	Ц	Ю	І	П	Ч	Т	Ю	Е
Щ	Ф	А	Р	И	Ж	Х	У	М	В	Я	В	С	Ж	Е	О
Е	І	Ч	К	Ш	С	Л	Ь	Ф	Е	Ц	Б	Ц	Ю	Г	Я
Ь	Н	І	К	Є	Ф	К	В	Б	Р	И	А	Я	Я	Б	Н
Ч	Ж	Б	Ж	Щ	Б	Г	Ф	І	Б	С	Ф	Е	У	В	Х
Р	Ф	Н	Р	О	П	Щ	Ч	А	Л	И	Р	О	Г	І	Ч
А	В	П	Н	Б	І	Ф	У	Ф	Ю	Л	У	Р	А	Є	Ш
К	Ч	К	И	У	Д	Ц	Щ	Л	Д	М	Т	П	Щ	Ч	Х
Ш	О	П	І	А	С	К	Е	Н	Г	У	Р	У	Е	Т	Д
І	Ч	Й	З	Е	Б	Р	А	П	В	А	М	Ф	С	С	И
К	П	Ч	О	У	К	І	Ц	Ґ	О	С	М	Б	И	К	Ц
Л	М	Н	Я	Т	В	Є	К	Л	В	К	Р	О	Л	И	К
У	Е	Л	Т	Ю	С	П	Ш	Е	К	Ц	Н	А	Я	Є	О

КИТ
ОСЕЛ
КІНЬ
ВЕРБЛЮД
КЕНГУРУ
ЗЕБРА
КРОЛИК
КОЙОТ
ДЕЛЬФІН
СЛОН
КІШКА
ГОРИЛА
ЖИРАФ
ВОВК
МАВПА
ВЕДМІДЬ
ВІВЦЯ
ПЕС
БИК
ЛИСИЦЯ

99 - Abejas

З	О	І	Ц	П	М	И	М	Е	Є	И	Ш	Н	Л	К	Є
О	А	Х	А	М	О	К	Г	Я	Ь	К	Л	Е	І	О	Н
Ї	С	П	Д	Ю	Д	В	Щ	І	О	У	І	Ж	Т	Р	И
И	Ж	А	И	Е	К	О	С	И	С	Т	Е	М	А	О	С
Ф	С	А	К	Л	Р	О	С	Л	И	Н	И	П	В	Л	О
Ц	В	І	Т	Р	Ь	Щ	Ш	Ш	Ю	Н	Л	І	И	Е	Н
М	Р	А	Я	Д	И	Н	Ж	Е	П	Б	Ц	У	Г	В	Ц
К	Р	И	Л	А	П	Ж	И	Ф	Р	У	К	Т	І	А	Е
Є	Ґ	Ь	Т	С	Ш	І	Ж	К	О	П	О	І	Д	Ч	Щ
Б	Т	В	Ц	А	Е	Д	Х	И	Ж	У	Л	Н	Н	С	Щ
Ж	Ш	Ш	І	Д	Е	М	Т	Л	Н	У	И	Б	И	Ґ	Б
Д	Ш	Ц	Ц	С	А	І	Н	У	І	Г	П	К	Й	Я	Щ
В	Ф	І	И	Ш	К	И	Л	У	В	Ь	А	Ь	І	У	Ю
Н	М	Д	Ґ	П	О	Ц	Н	М	Т	Щ	Д	С	Р	Ч	Ч
Ц	М	И	Т	І	В	К	А	У	Ґ	Л	Ч	Ш	Ч	Ю	І
А	Я	М	В	Д	Г	А	Р	Е	Щ	М	Ь	Ц	В	И	С

КРИЛА
ВИГІДНИЙ
ВІСК
ВУЛИК
ЇЖА
ЕКОСИСТЕМА
РІЙ
ЦВІТ
КВІТИ
ФРУКТ
ДИМ
КОМАХА
САД
МЕД
РОСЛИНИ
ПИЛОК
ЗАПИЛЬНИК
КОРОЛЕВА
СОНЦЕ

100 - Psicología

Л	С	И	С	Е	Х	П	Н	Щ	С	Т	Х	Б	К	В	Р
Т	Н	П	Ґ	Е	С	О	Е	К	П	Е	Ю	Е	Л	П	Е
У	Щ	Ш	Ц	Є	Т	В	С	У	Р	Р	Л	А	І	У	А
І	Щ	Ж	О	А	Ю	Е	В	Г	И	А	К	Ю	Н	О	Л
Т	Д	Л	Я	О	Б	Д	І	В	Й	П	Ж	Р	І	І	Ь
С	И	В	Т	Е	И	І	Д	П	Н	І	К	Е	Ч	Т	Н
О	Т	Р	Т	Т	Н	Н	О	І	Я	Я	Р	Ь	Н	К	І
М	И	М	У	И	Ї	К	М	З	Т	О	І	Е	И	І	С
О	Н	Р	Ч	Я	І	А	И	Н	Т	Ц	Ь	Х	Й	Л	Т
Д	С	І	Д	М	Ц	Х	Й	А	Я	І	У	Е	П	Ф	Ь
І	Т	Ї	І	У	О	Б	Ж	Н	Т	Н	Ж	Щ	Г	Н	Ц
В	В	Л	В	С	М	Ф	Ь	Н	Е	К	Ф	І	Х	О	О
С	О	П	И	С	Е	К	Г	Я	Ц	А	О	Г	І	К	Б
Д	І	Т	С	О	Т	С	И	Б	О	С	О	Ж	С	Р	И
І	Д	Е	Ї	Щ	П	Р	И	З	Н	А	Ч	Е	Н	Н	Я
П	Ф	С	Ч	Н	П	Р	О	Б	Л	Е	М	А	Я	Р	Ю

ПРИЗНАЧЕННЯ
КЛІНІЧНИЙ
ПІЗНАННЯ
ПОВЕДІНКА
КОНФЛІКТ
ЕГО
ЕМОЦІЇ
ОЦІНКА
ІДЕЇ
НЕСВІДОМИЙ
ДИТИНСТВО
ДУМКИ
СПРИЙНЯТТЯ
ОСОБИСТОСТІ
ПРОБЛЕМА
РЕАЛЬНІСТЬ
ВІДЧУТТЯ
ПІДСВІДОМОСТІ
МРІЇ
ТЕРАПІЯ

1 - Arqueología

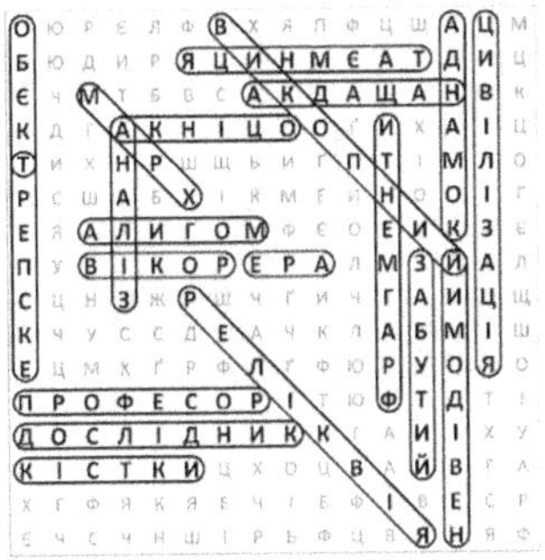

2 - Granja #2

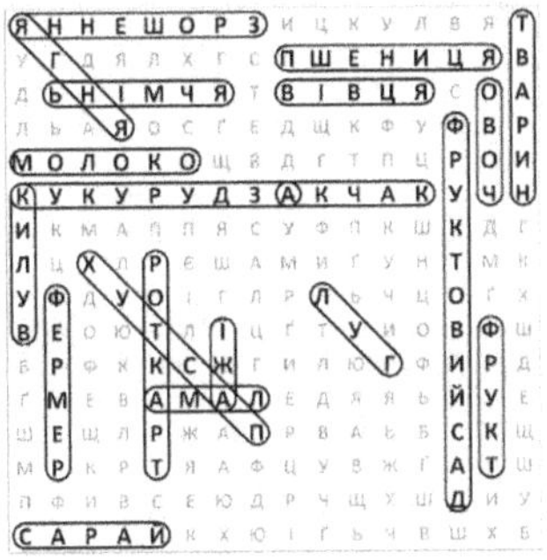

3 - La Empresa

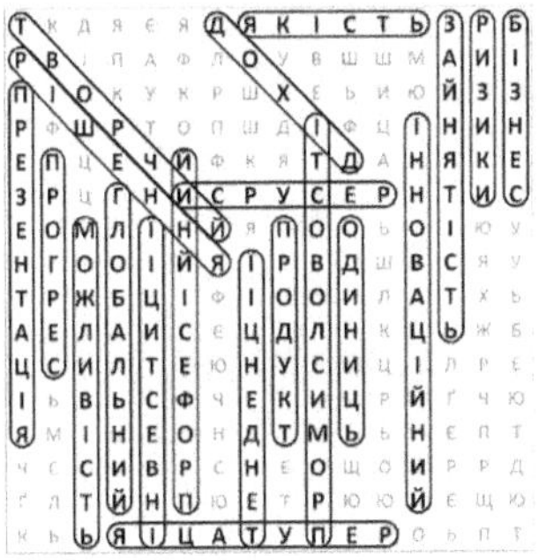

4 - Aviones

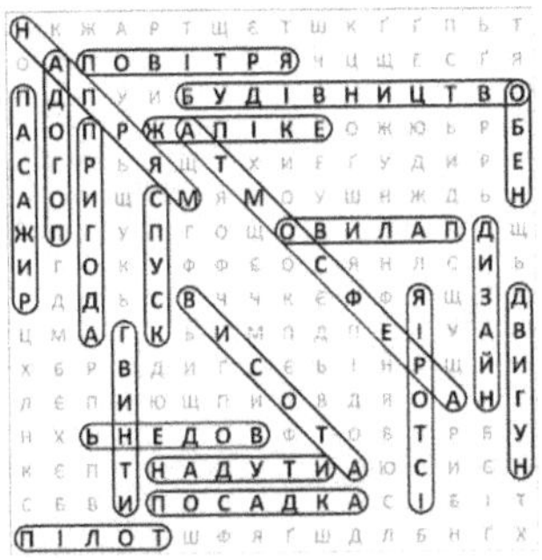

5 - Tipos de Cabello

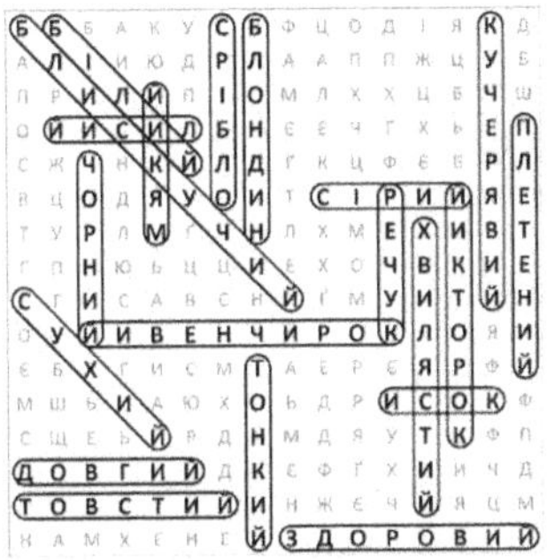

6 - Ciencia Ficción

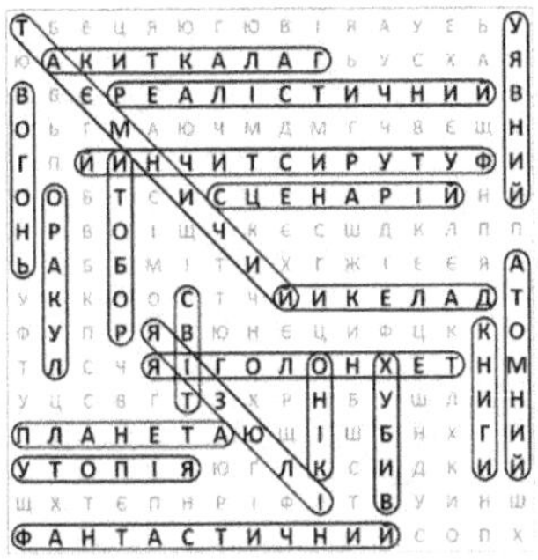

7 - Granja #1

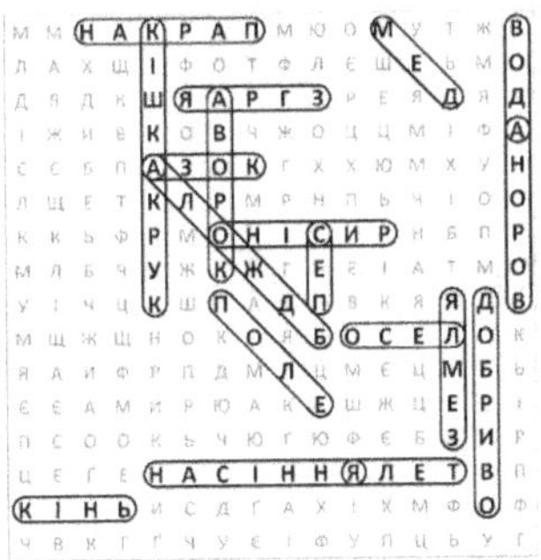

8 - Camping

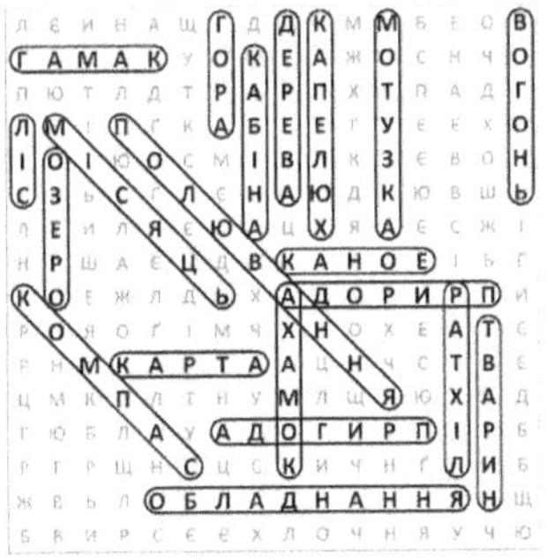

9 - Fruta

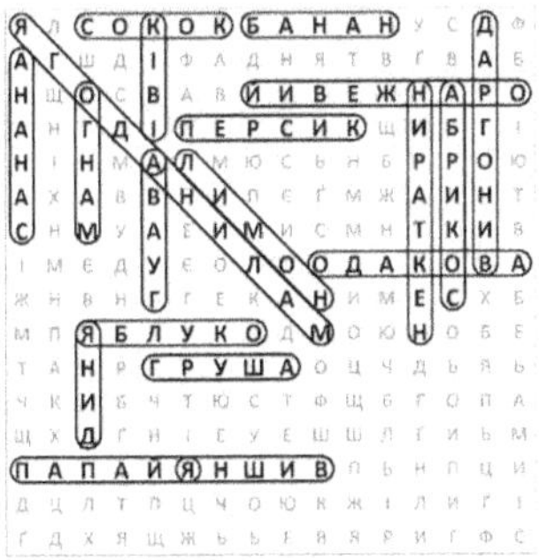

10 - Geología

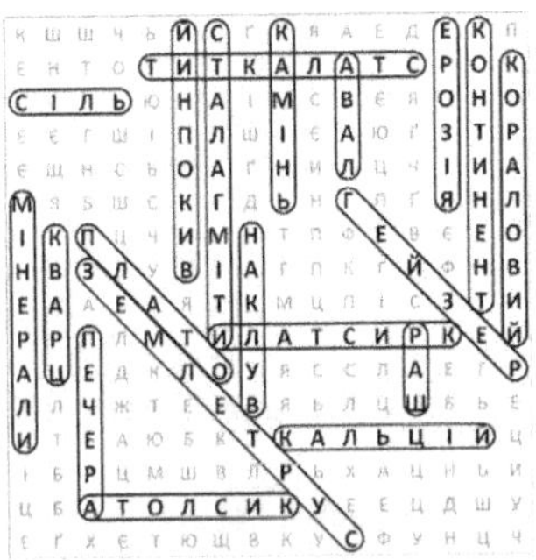

11 - Inmigración

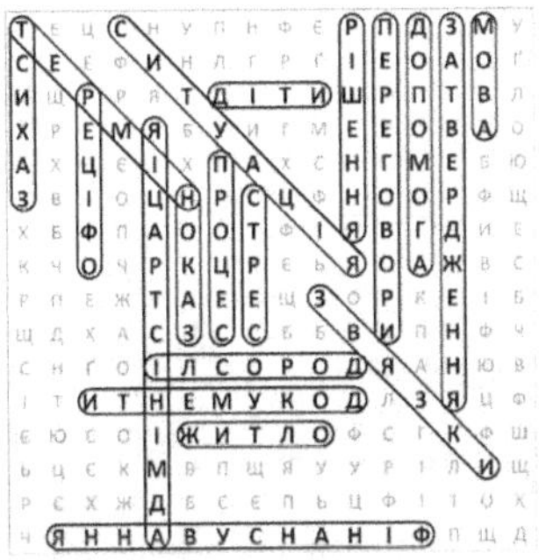

12 - Álgebra

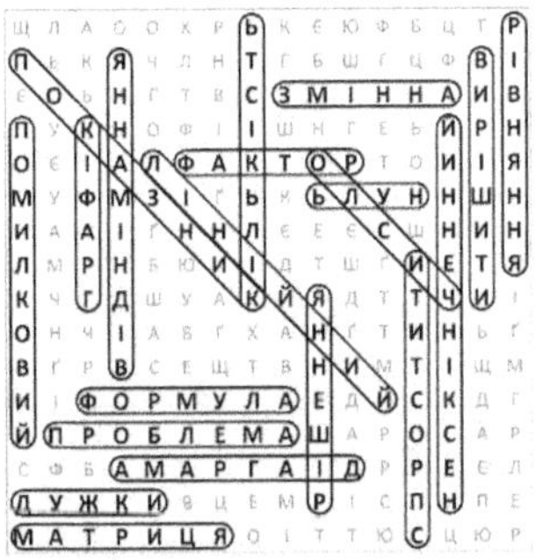

13 - Plantas

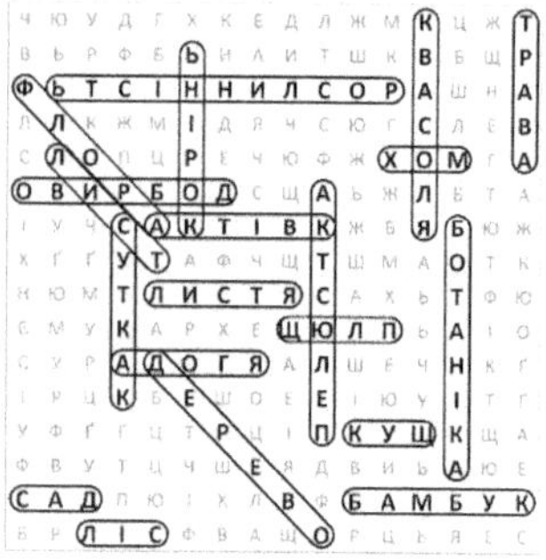

14 - Suministros de Arte

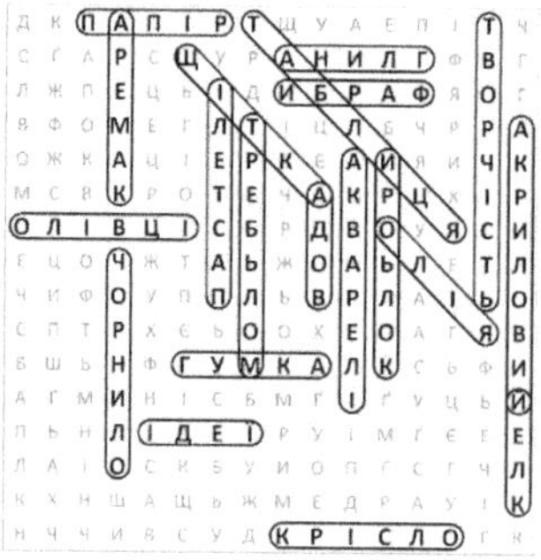

15 - Negocio

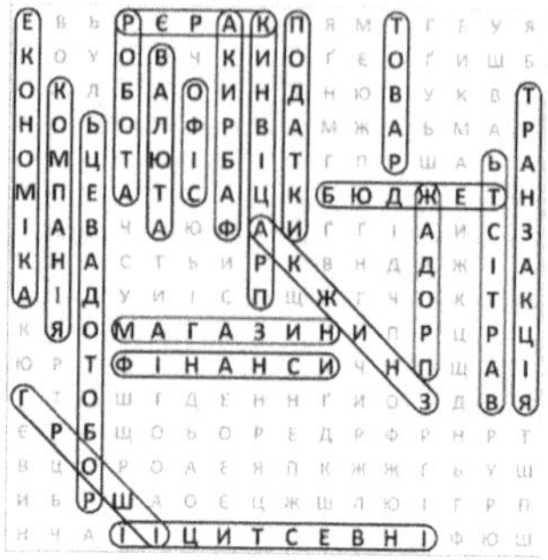

16 - Jardín

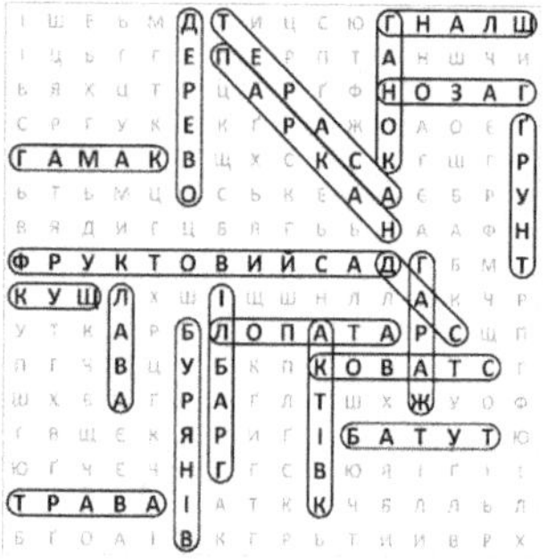

17 - Países #2

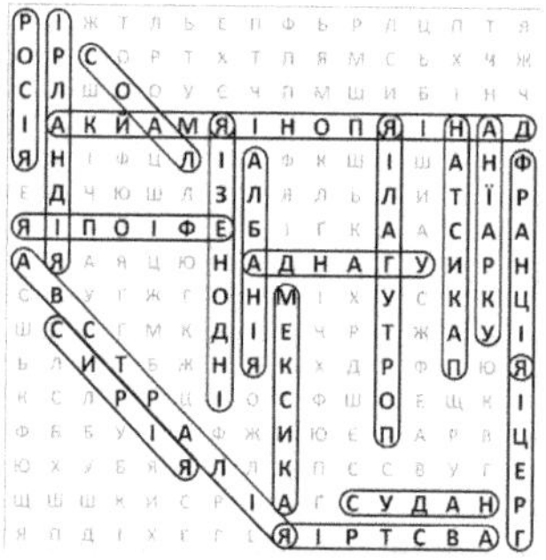

18 - Números

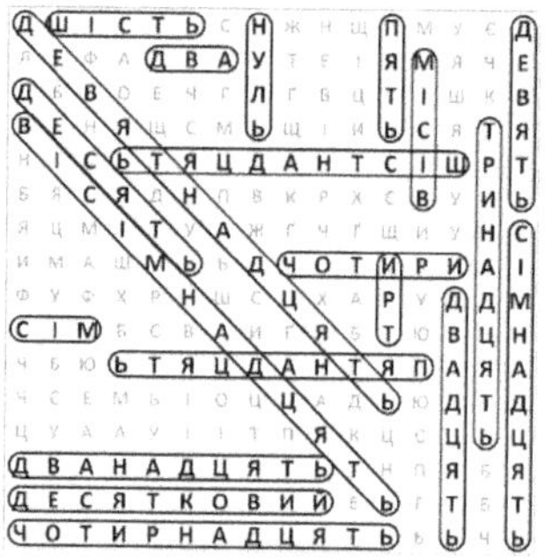

19 - Física

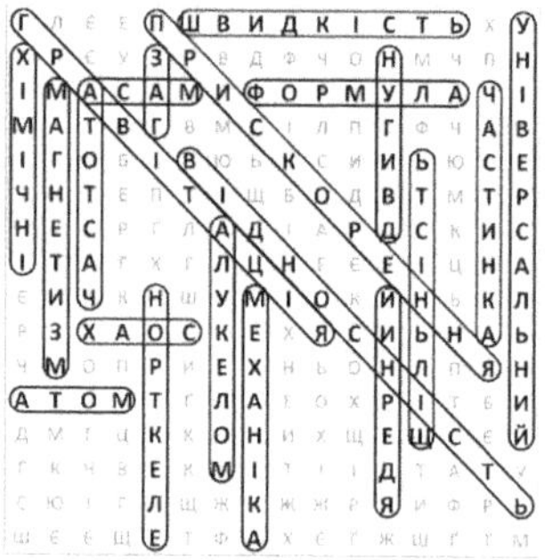

20 - Belleza

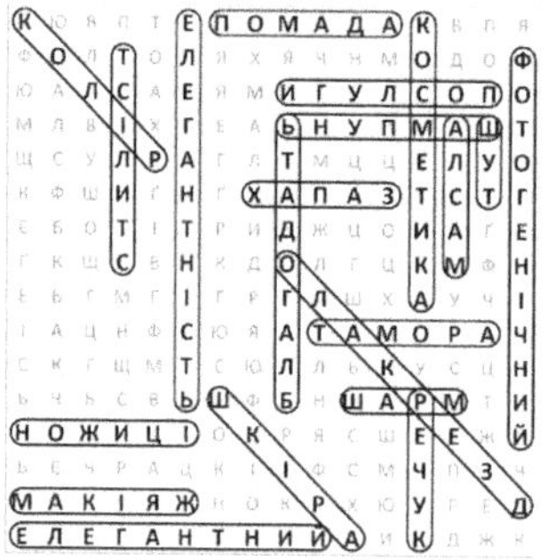

21 - Países #1

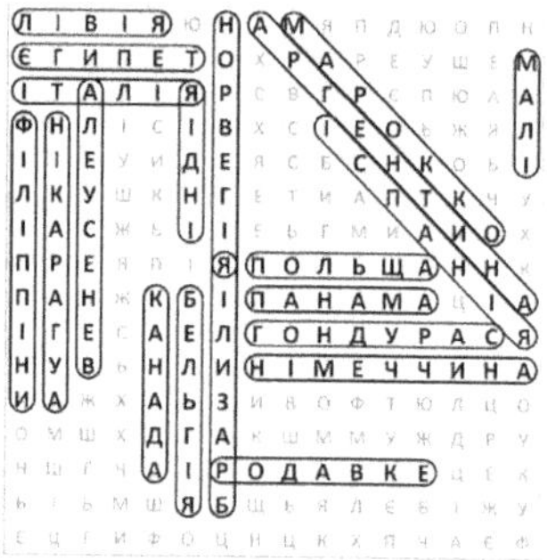

22 - Mitología

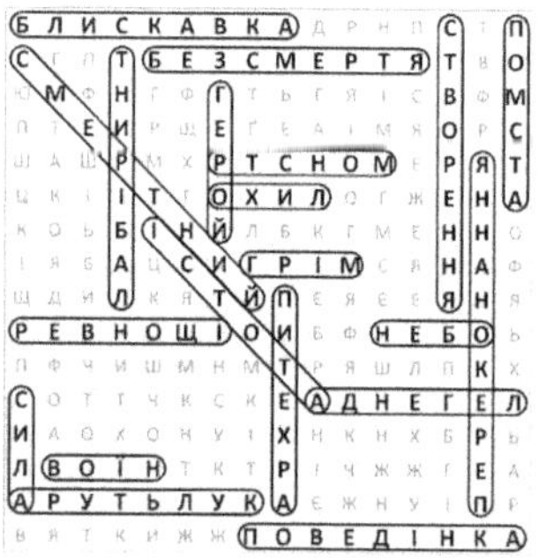

23 - Casa

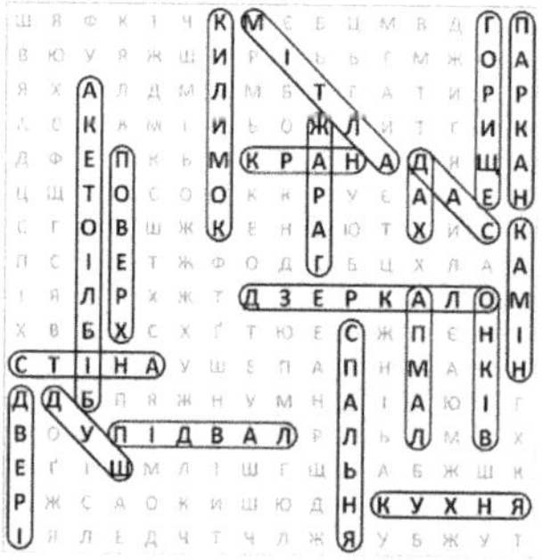

24 - Salud y Bienestar #2

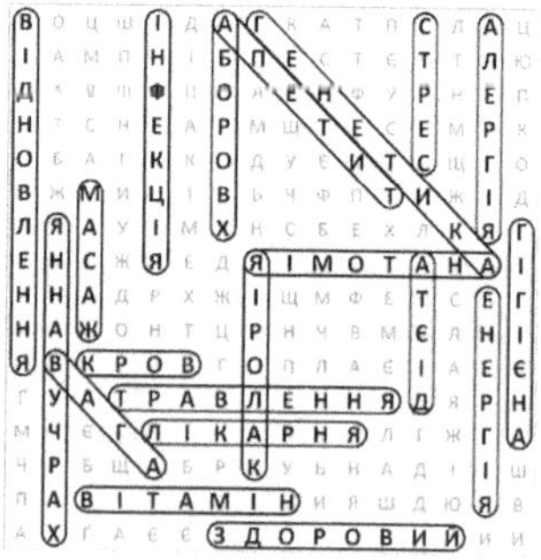

25 - Selva Tropical

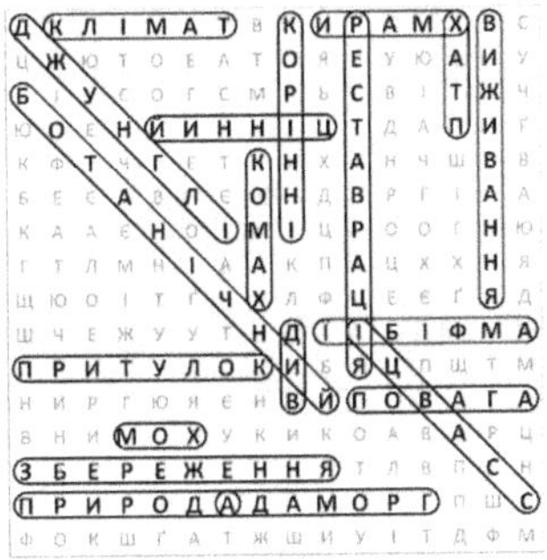

26 - Adjetivos #1

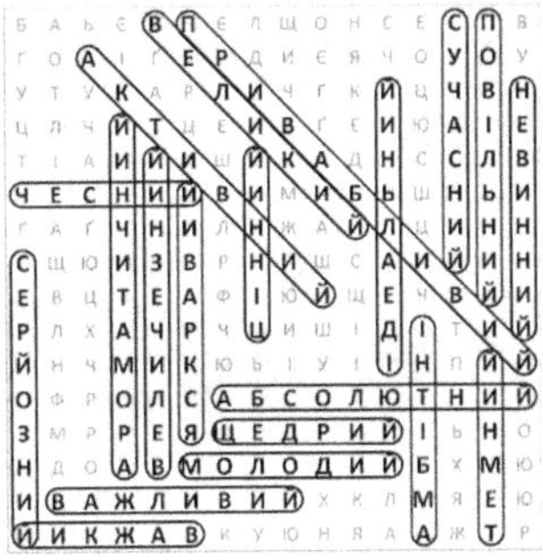

27 - Familia

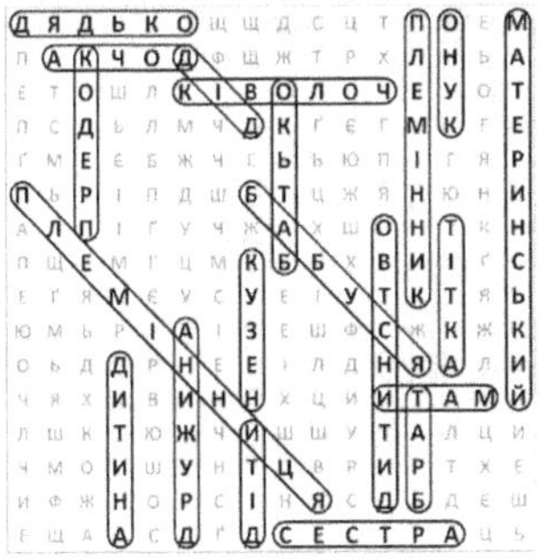

28 - Disciplinas Científicas

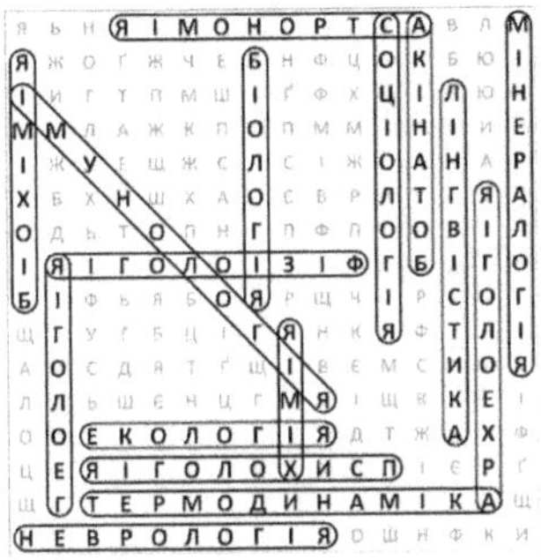

29 - Cocina

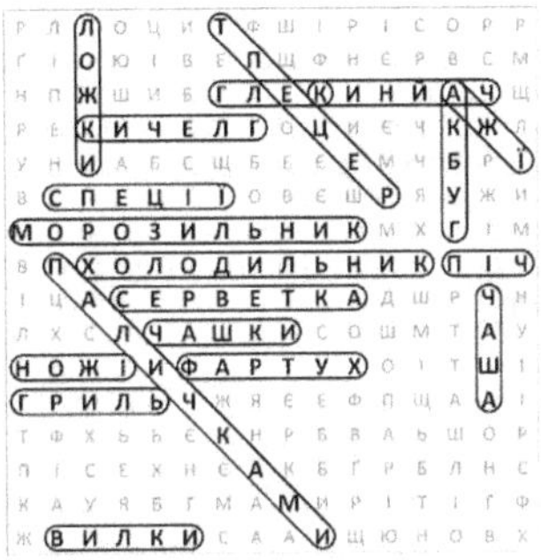

30 - Electricidad

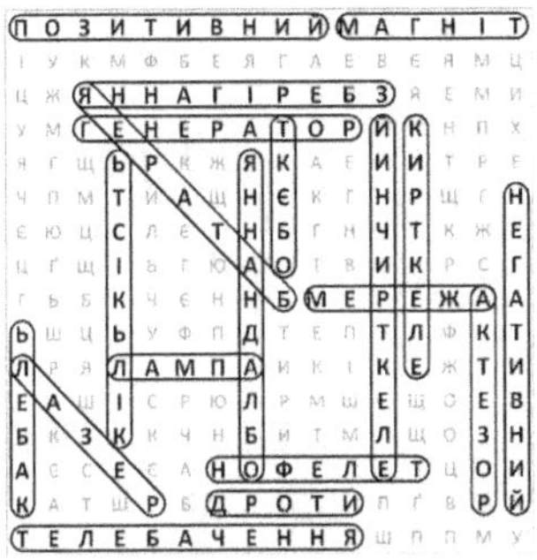

31 - Salud y Bienestar #1

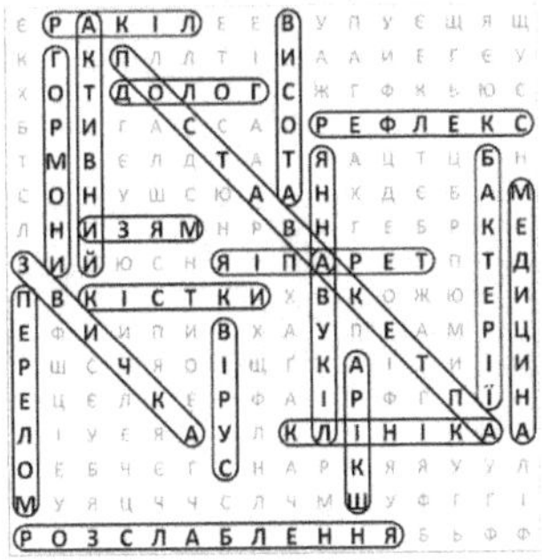

32 - Adjetivos #2

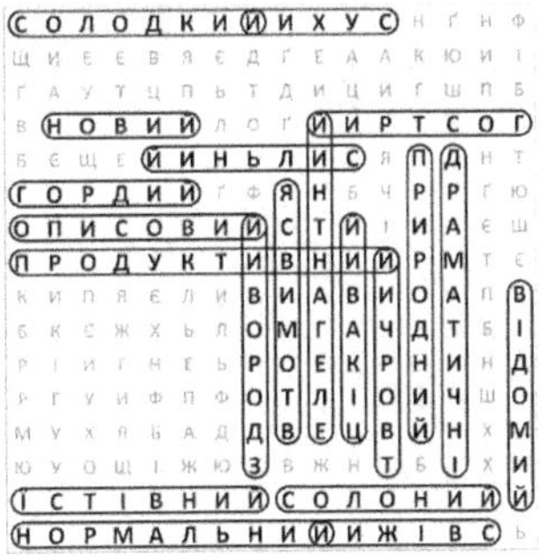

33 - Cuerpo Humano

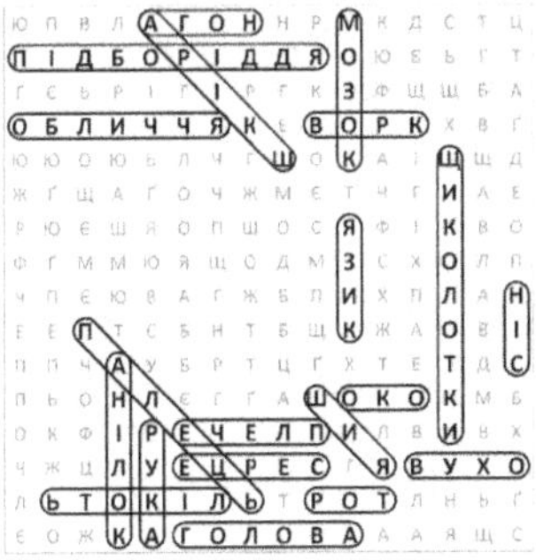

34 - Calentamiento Gl

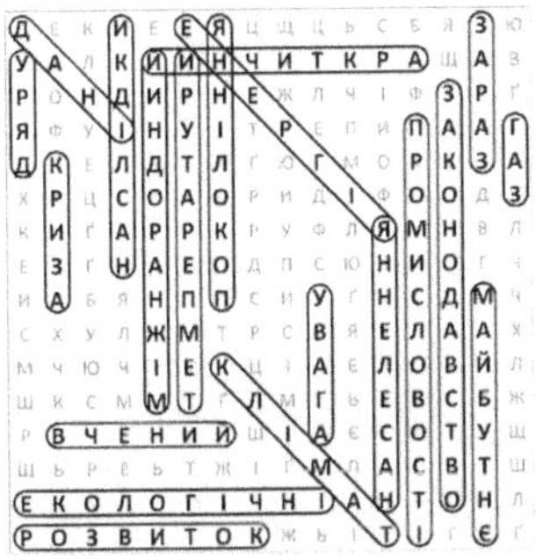

35 - Ciencia

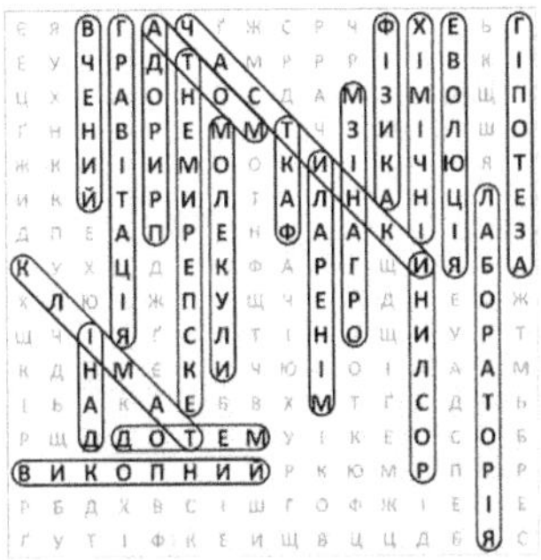

36 - Restaurante #2

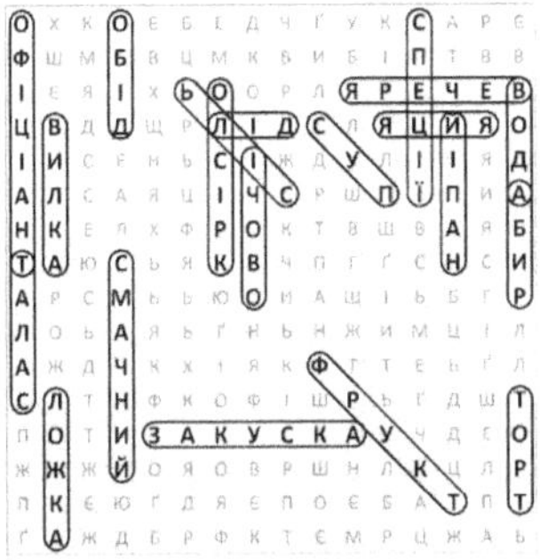

37 - Profesiones #1

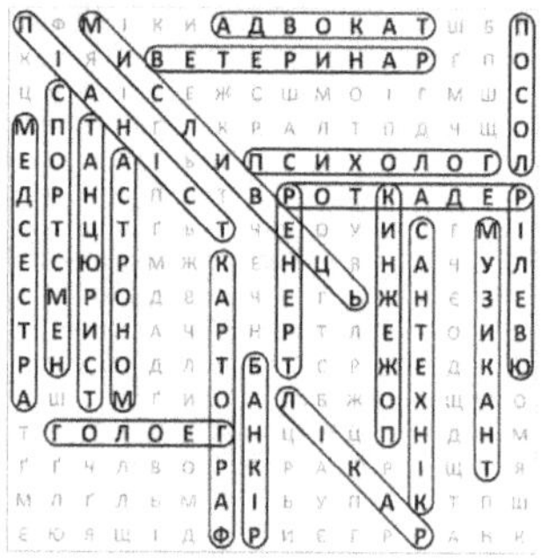

38 - Vehículos

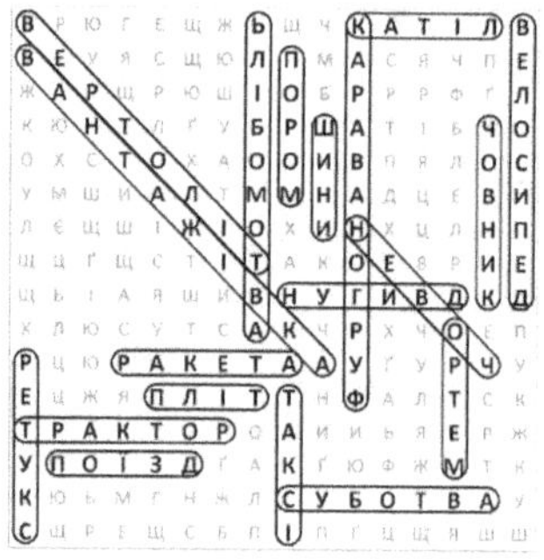

39 - Geometría

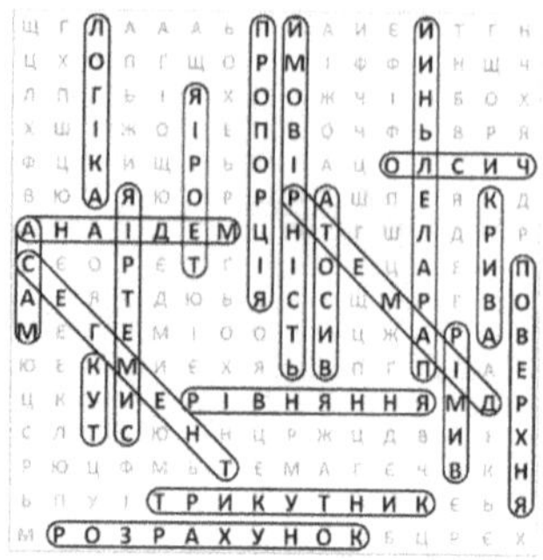

40 - Vacaciones #2

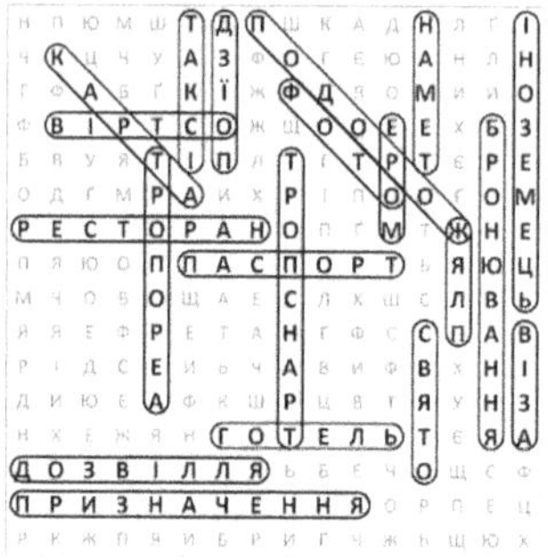

41 - Baile

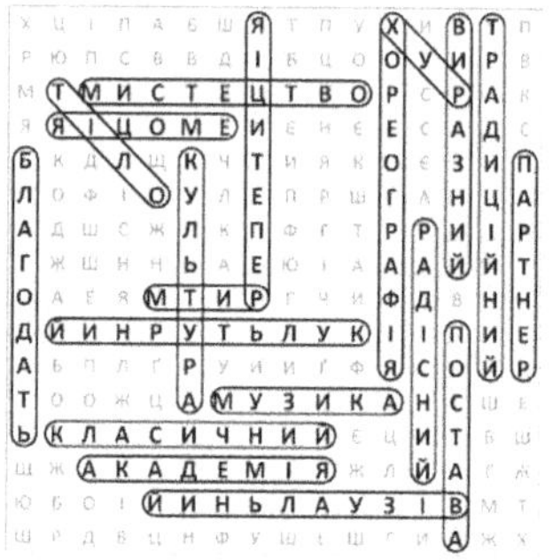

42 - Matemáticas

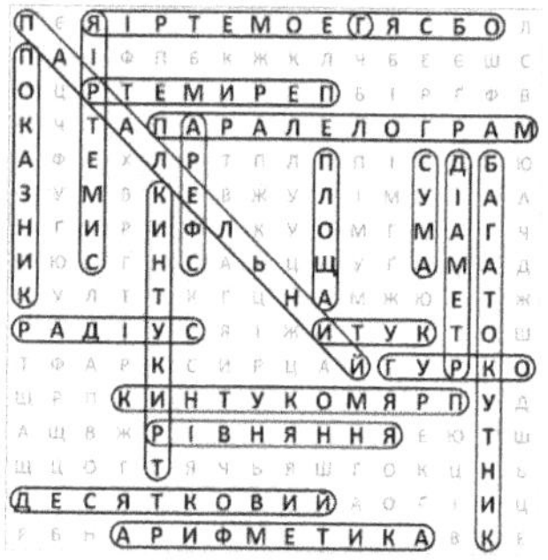

43 - Restaurante #1

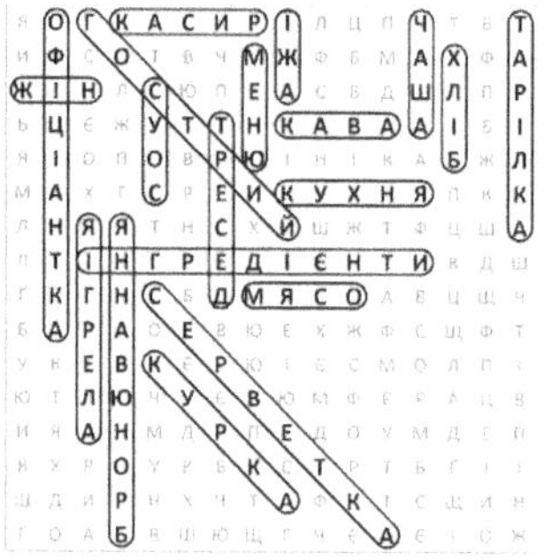

44 - Profesiones #2

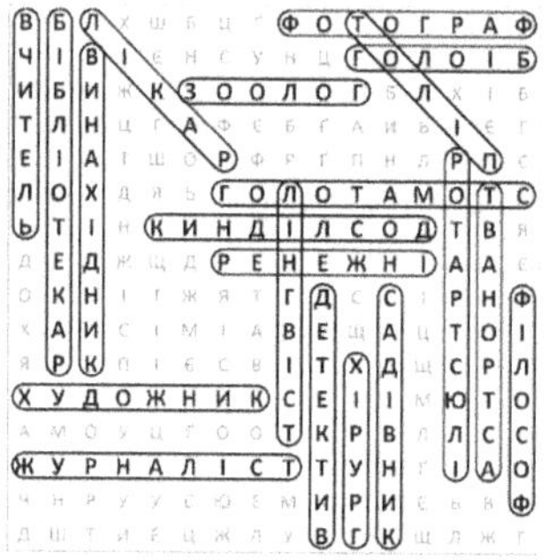

45 - Naturaleza

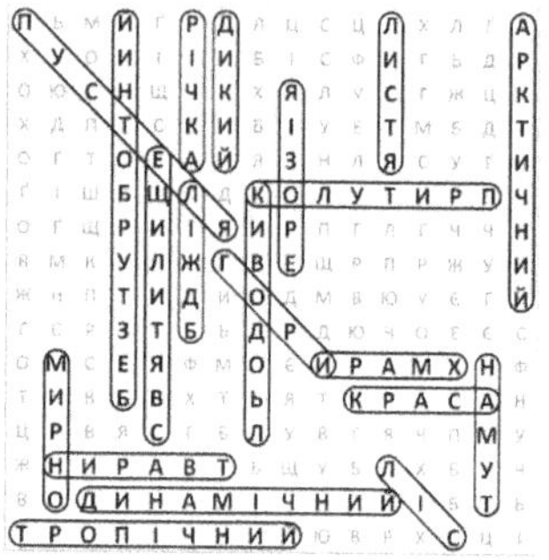

46 - Conduciendo

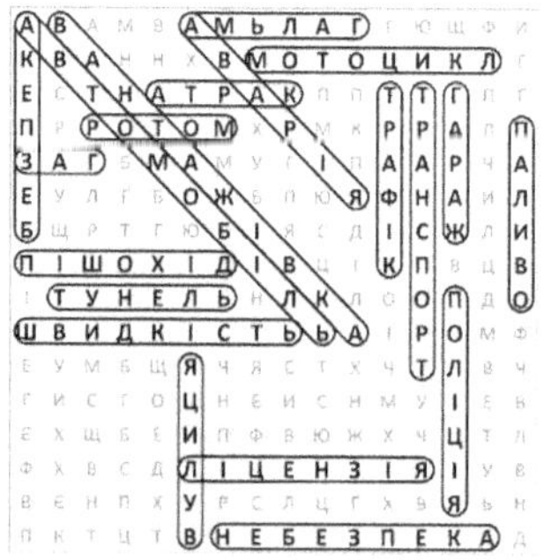

47 - Ballet

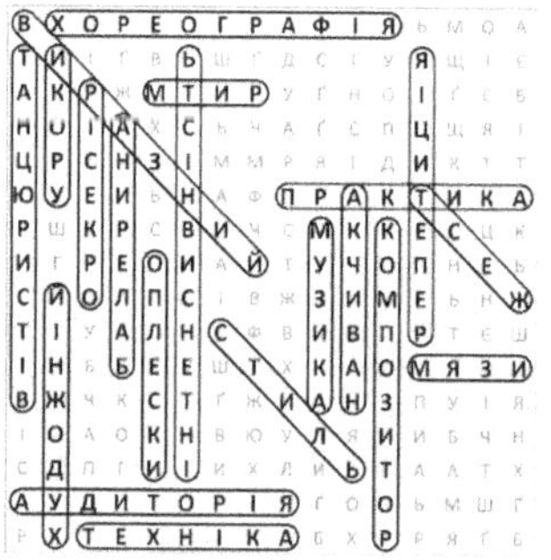

48 - Fuerza y Gravedad

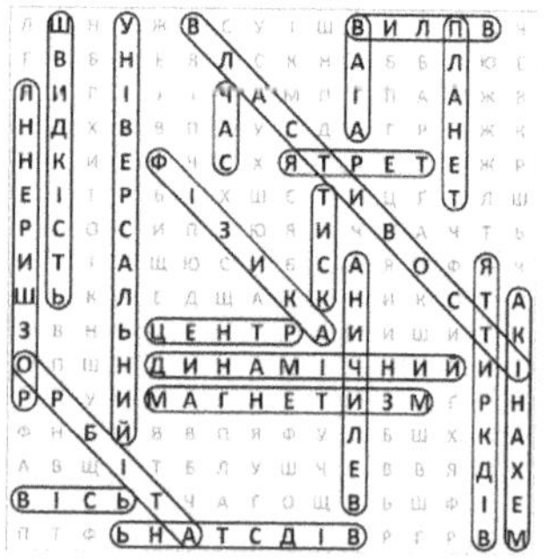

49 - Aventura

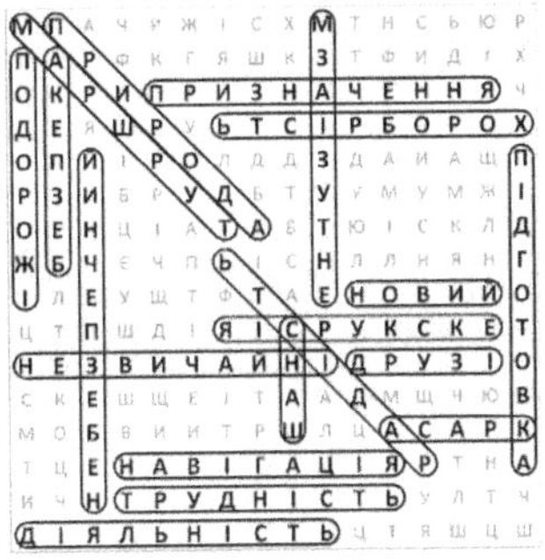

50 - Pájaros

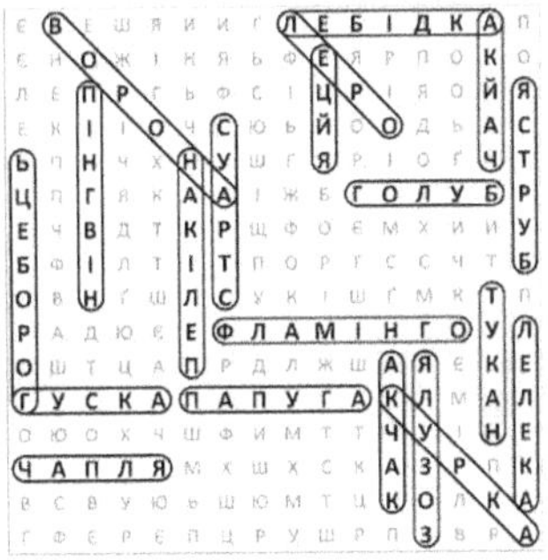

51 - Geografía

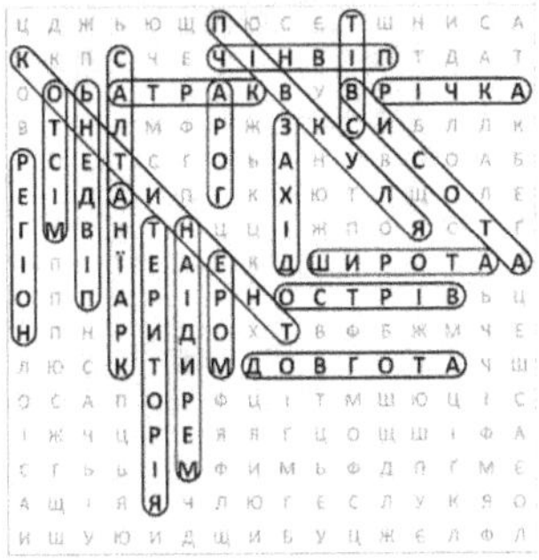

52 - Música

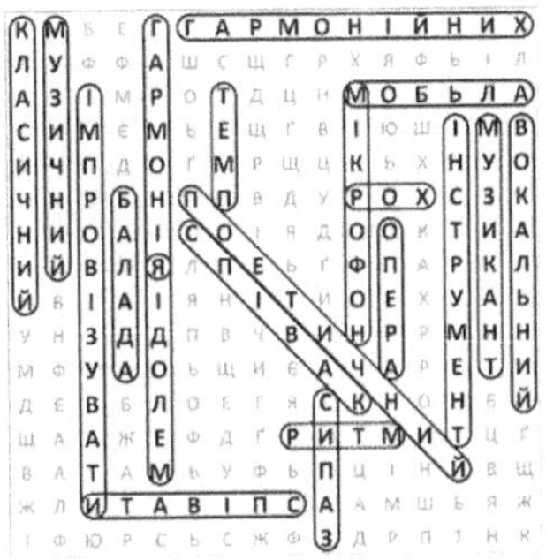

53 - Enfermedad

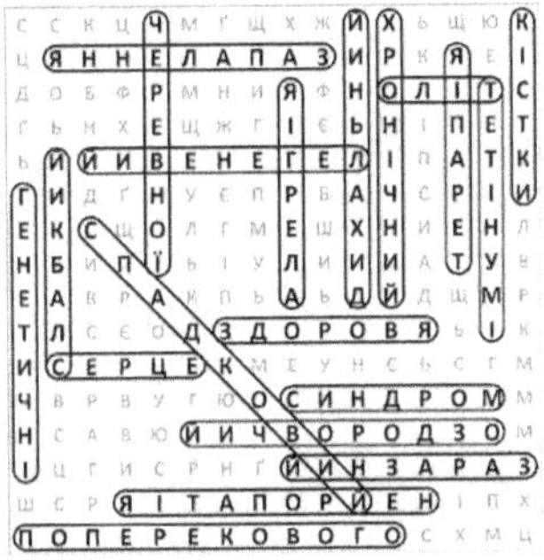

54 - Deportes

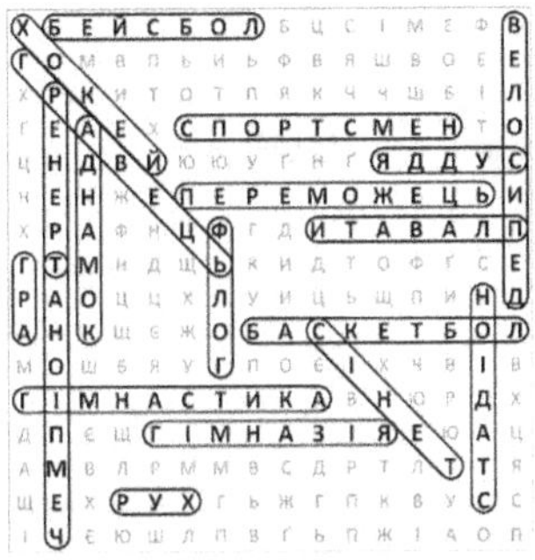

55 - Actividades

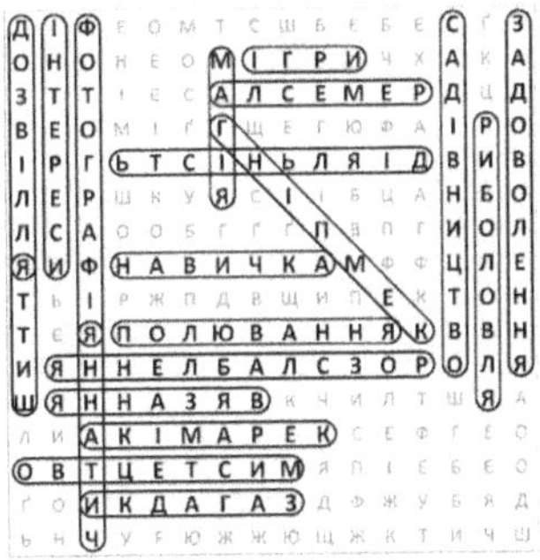

56 - Verduras

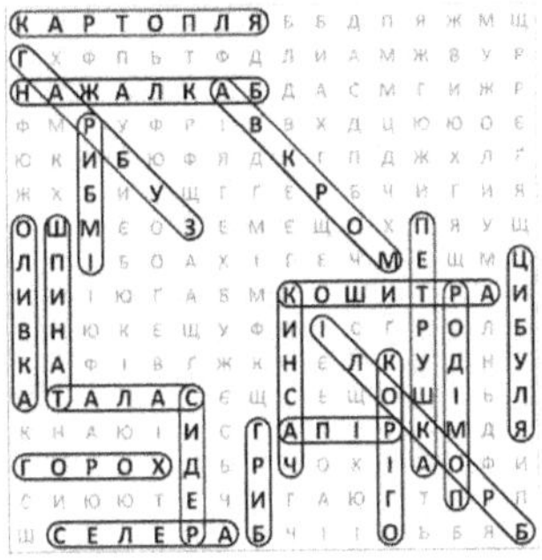

57 - Instrumentos Musicales

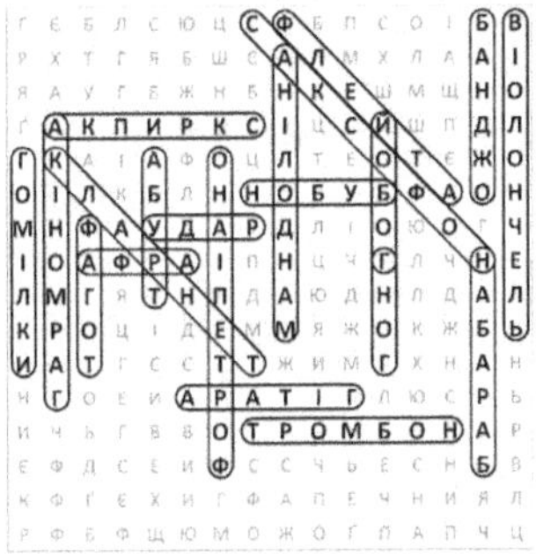

58 - Formas

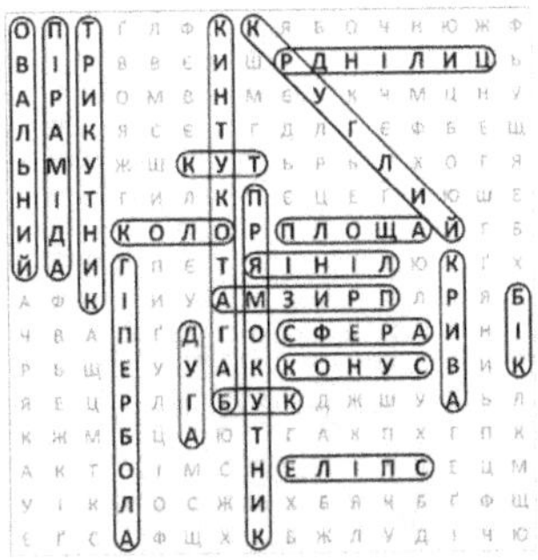

59 - Flores

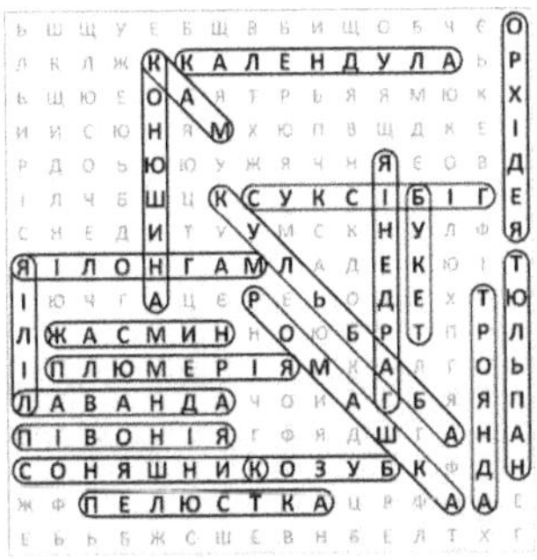

60 - Astronomía

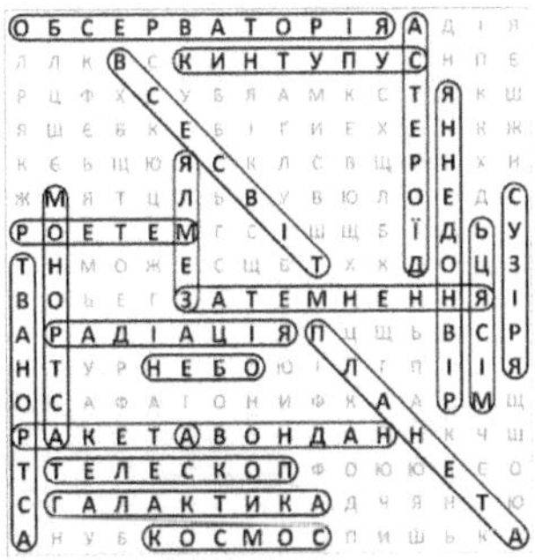

61 - Tiempo

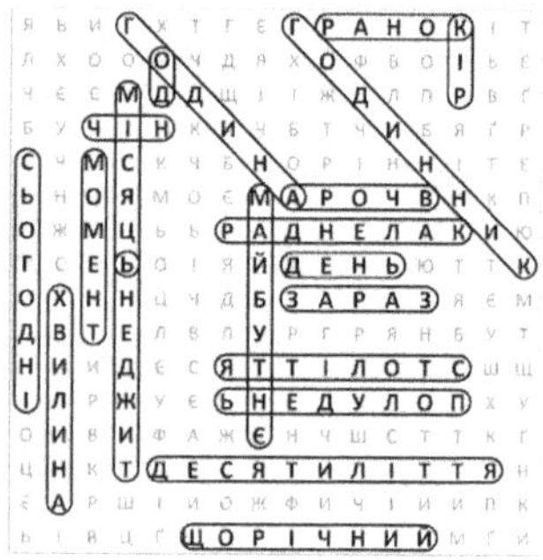

62 - Paisajes

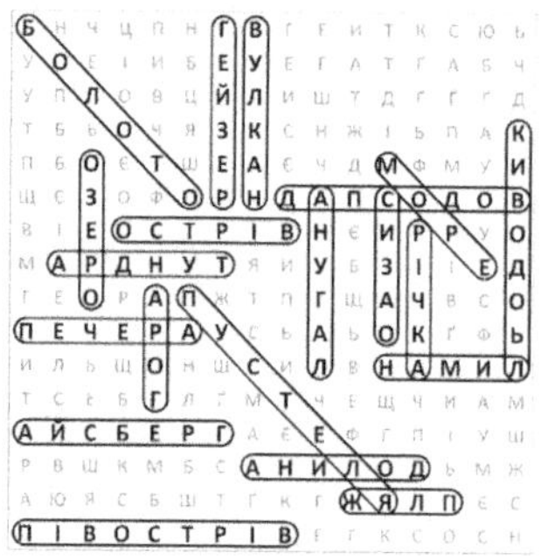

63 - Días y Meses

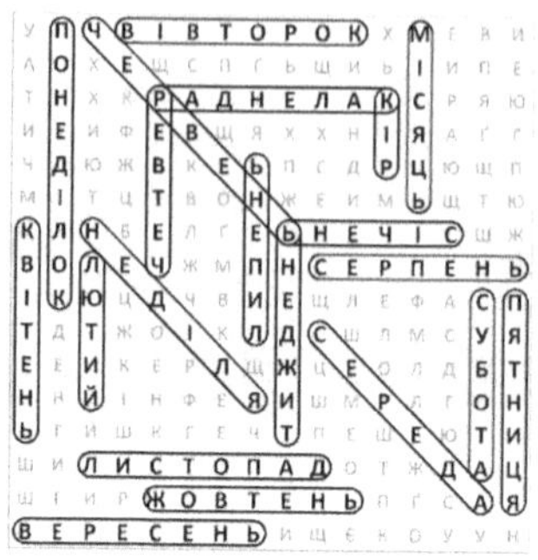

64 - Biología

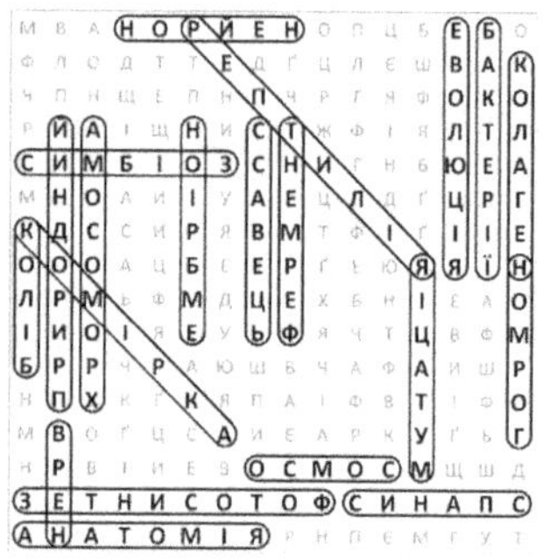

65 - Jardinería

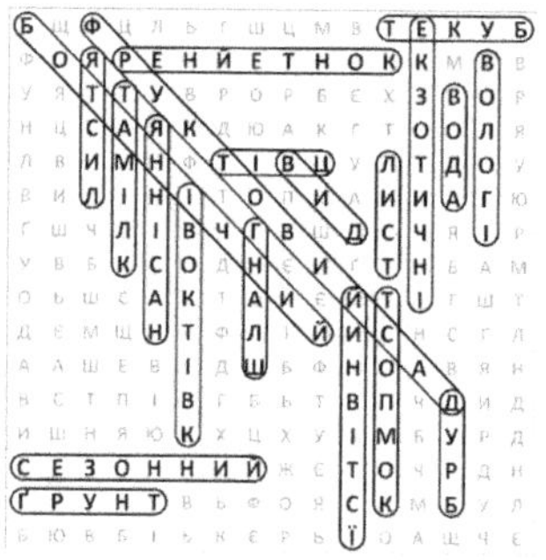

66 - Barbacoas

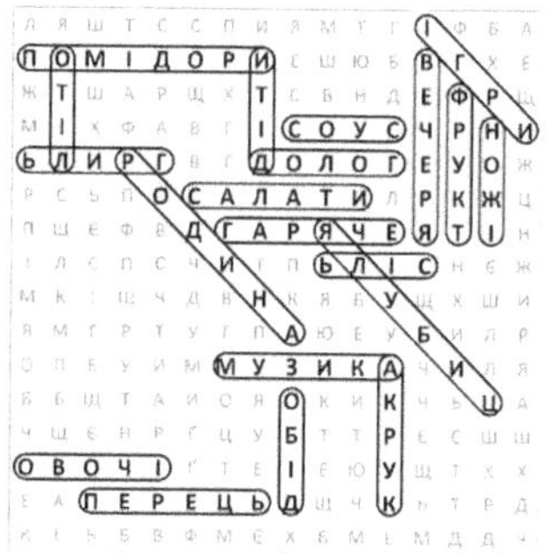

67 - Ropa

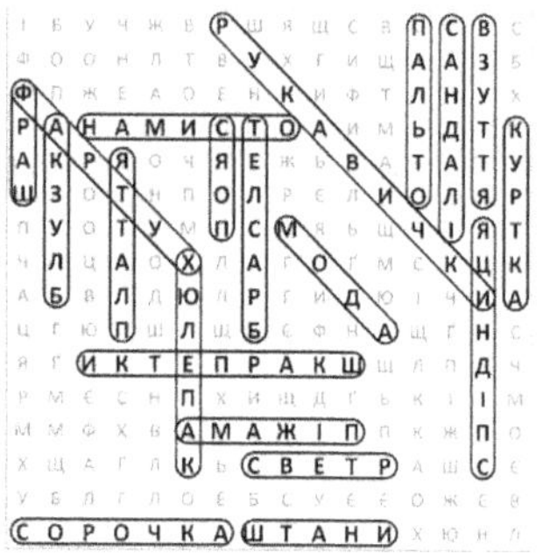

68 - Meditación

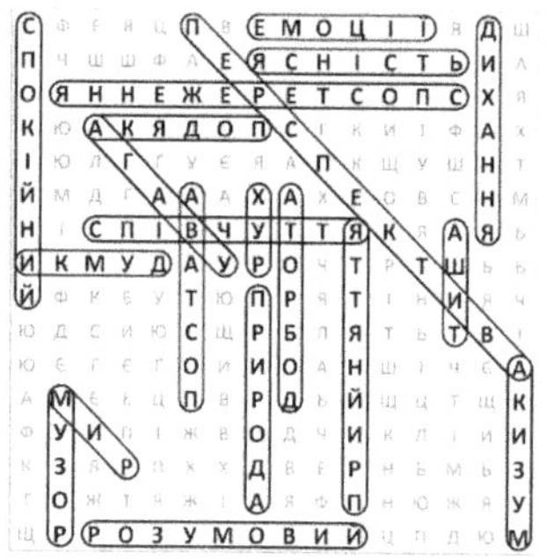

69 - Libros

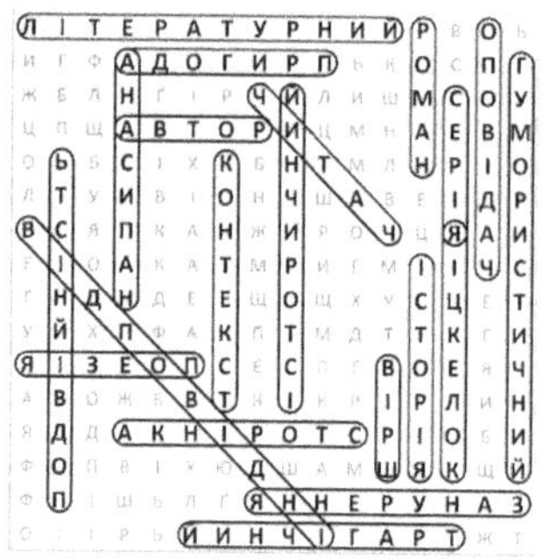

70 - Fotografía

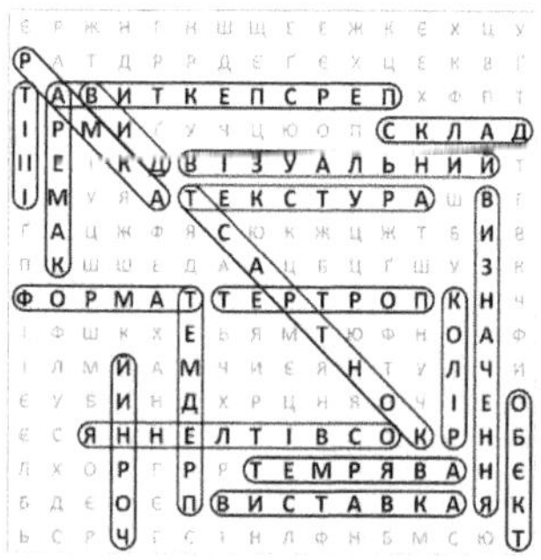

71 - Los Medios de Comunicación

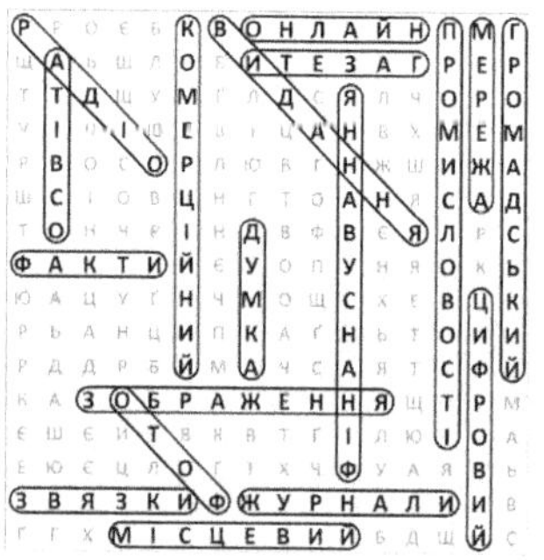

72 - Nutrición

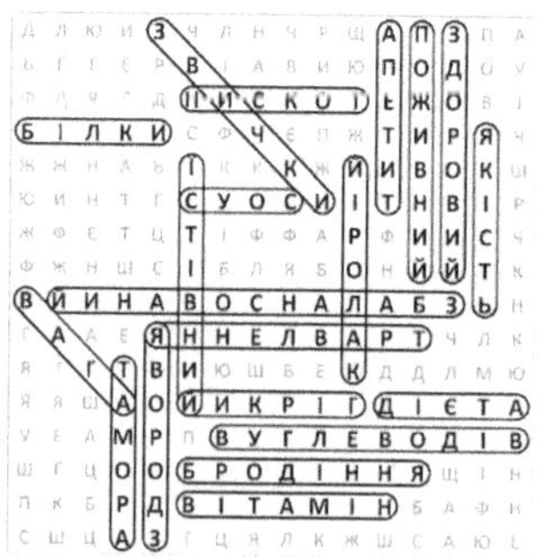

73 - Edificios

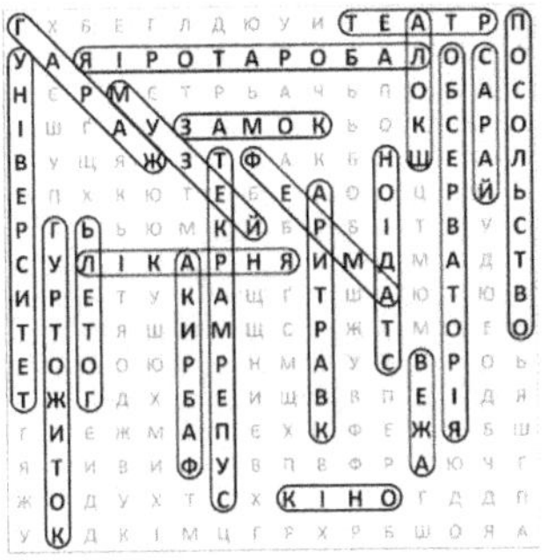

74 - Océano

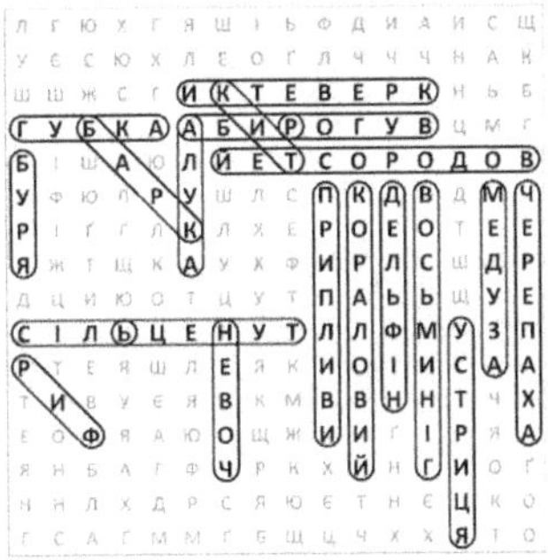

75 - Ciudad

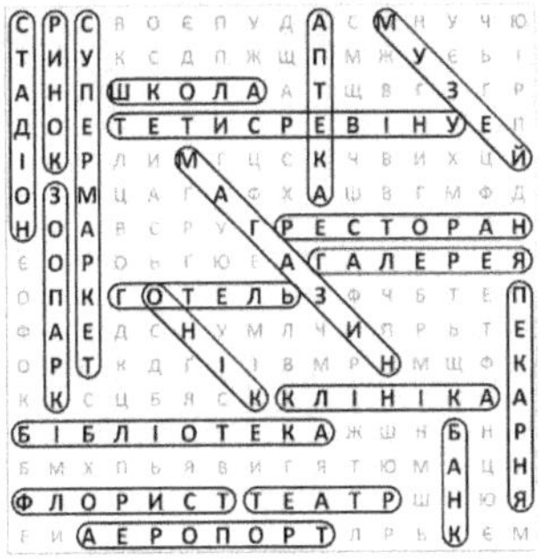

76 - Agronomía

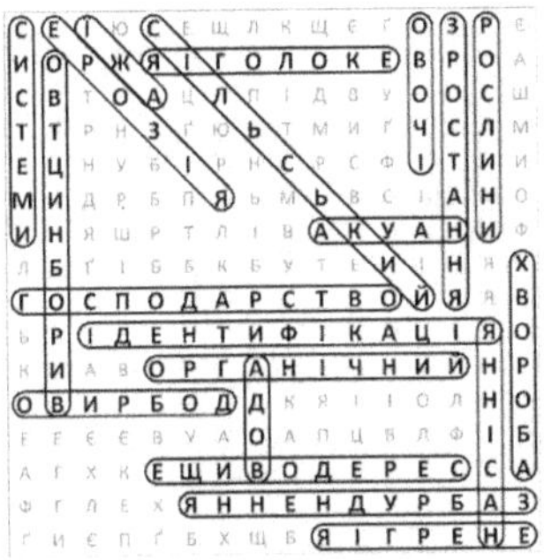

77 - Deporte

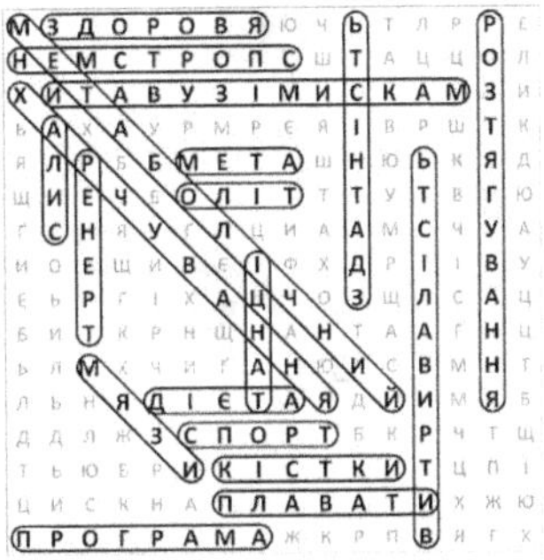

78 - Ingeniería

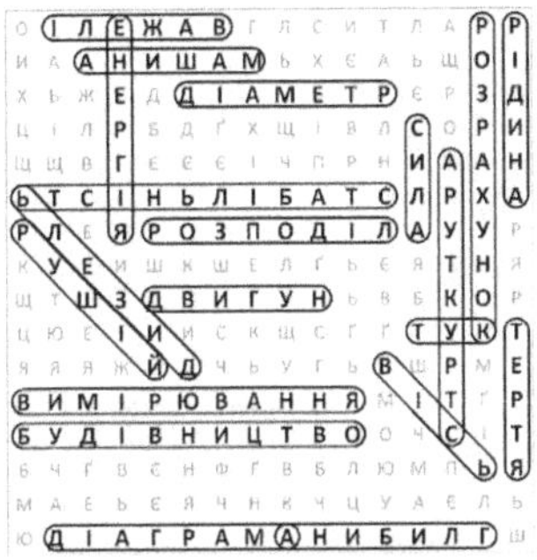

79 - Comida #1

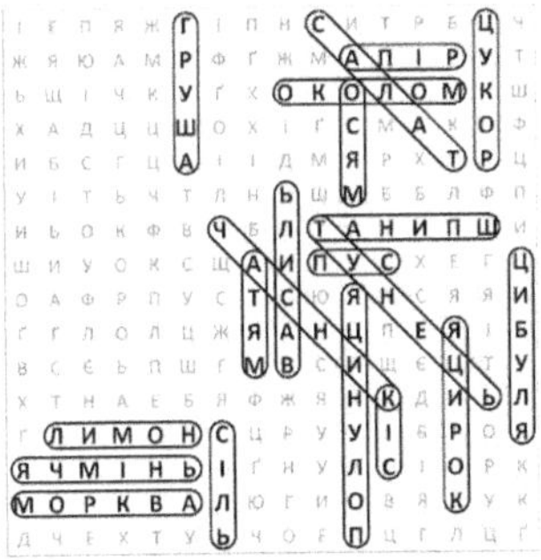

80 - Antigüedades

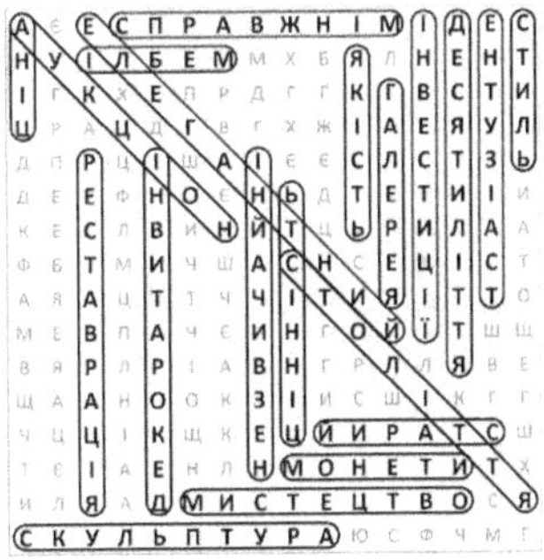

81 - Literatura

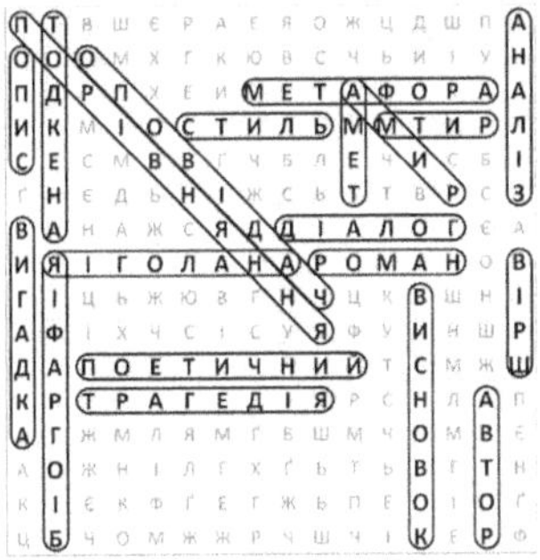

82 - Química

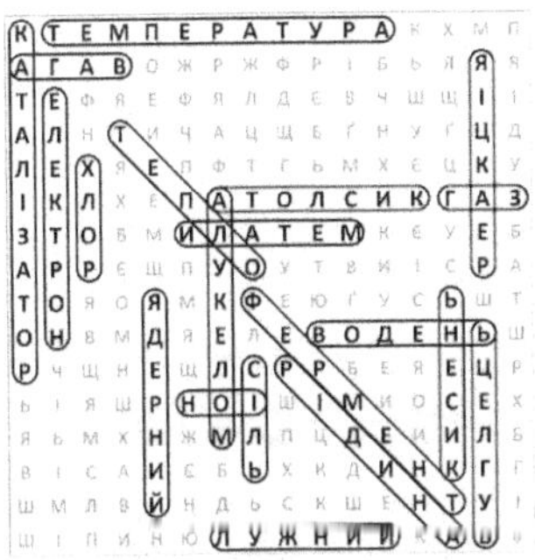

83 - Gobierno

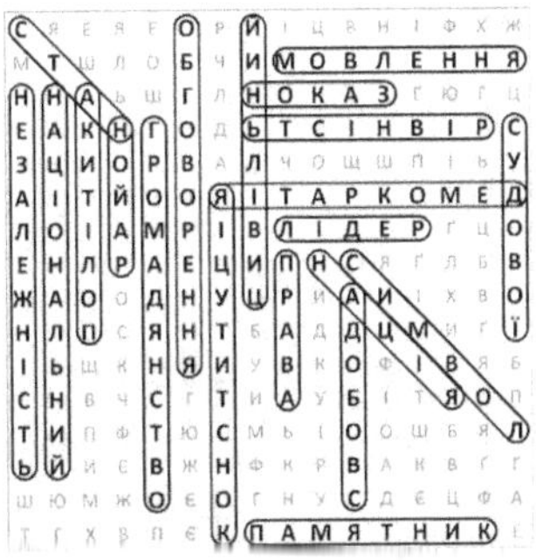

84 - Creatividad

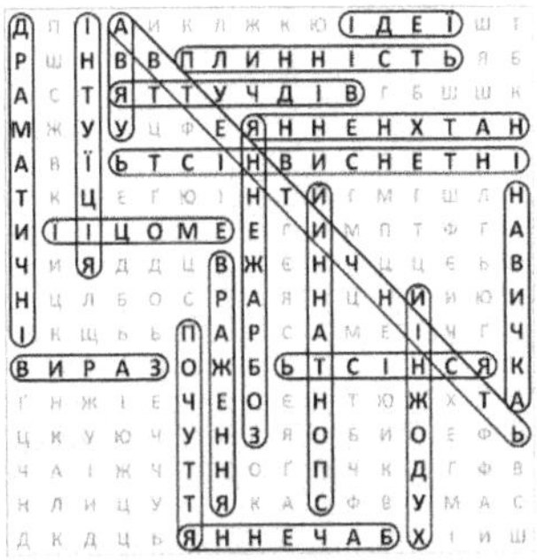

85 - Filantropía

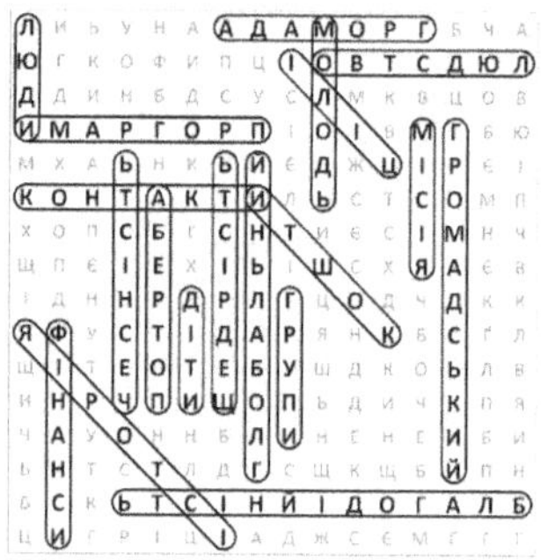

86 - Clima

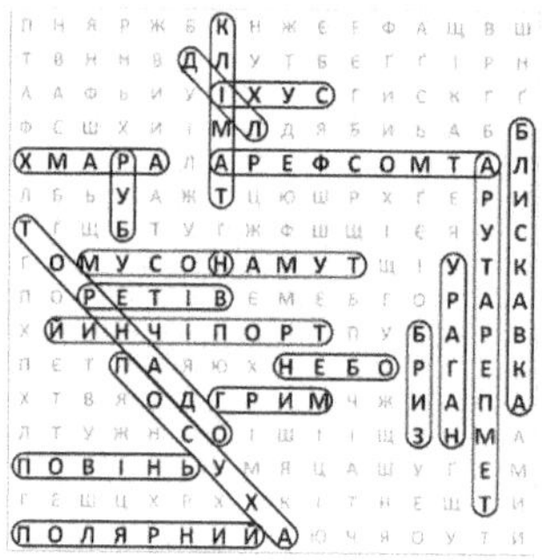

87 - Comida #2

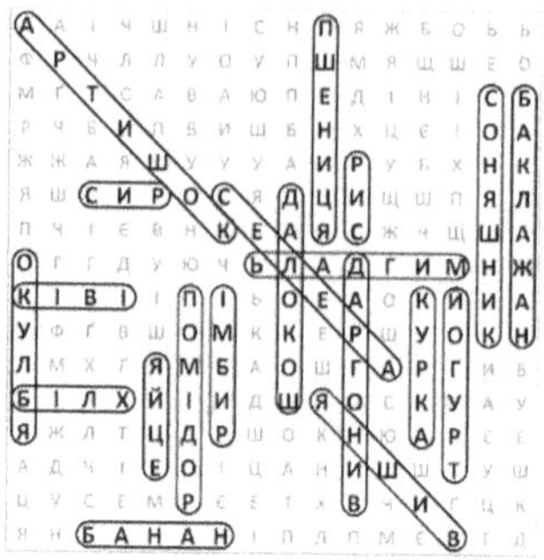

88 - Diplomacia

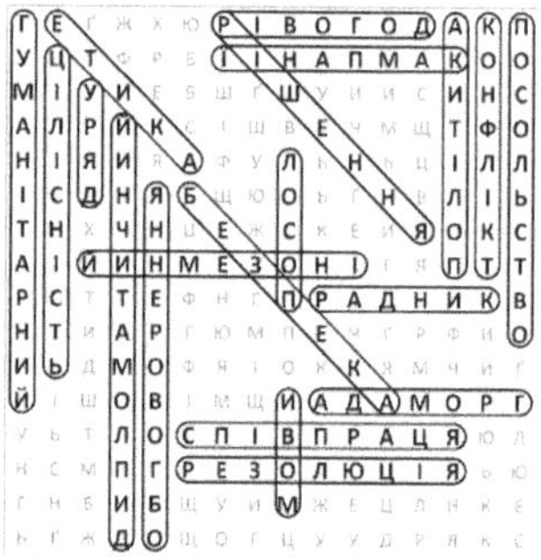

89 - Herboristería

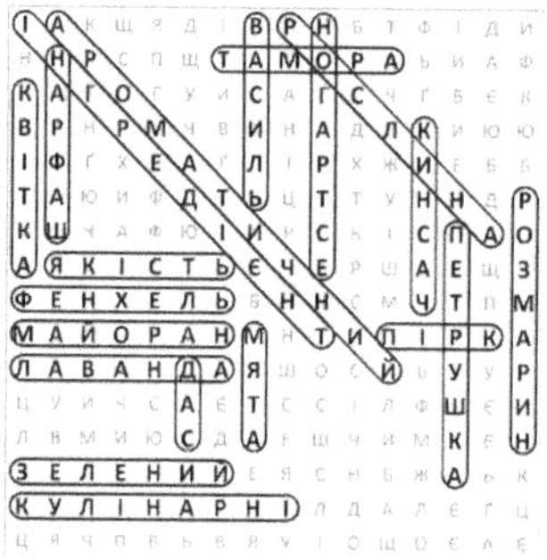

90 - Energía

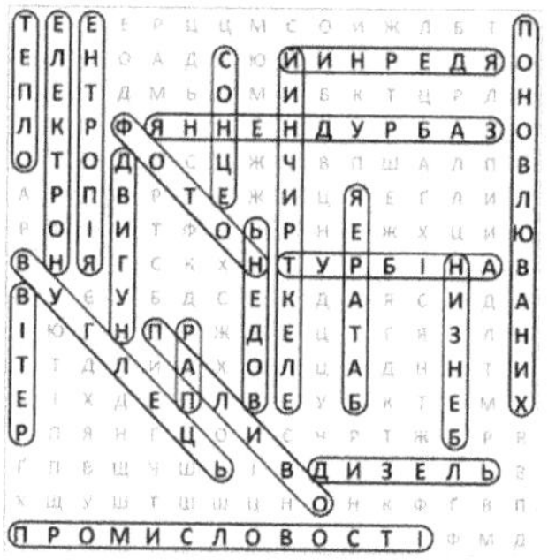

91 - Insectos

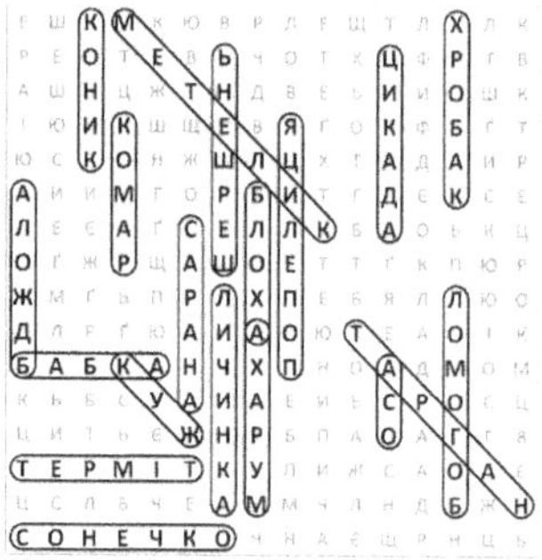

92 - Especias

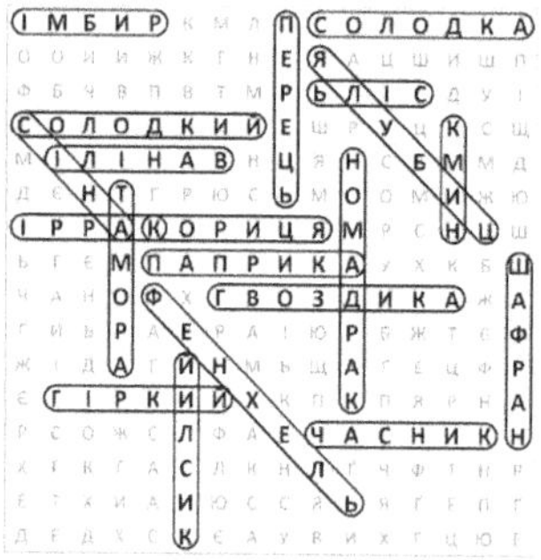

93 - Universo

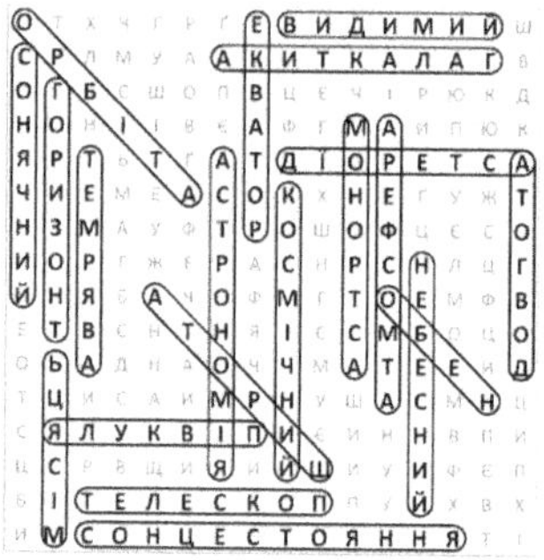

94 - Jazz

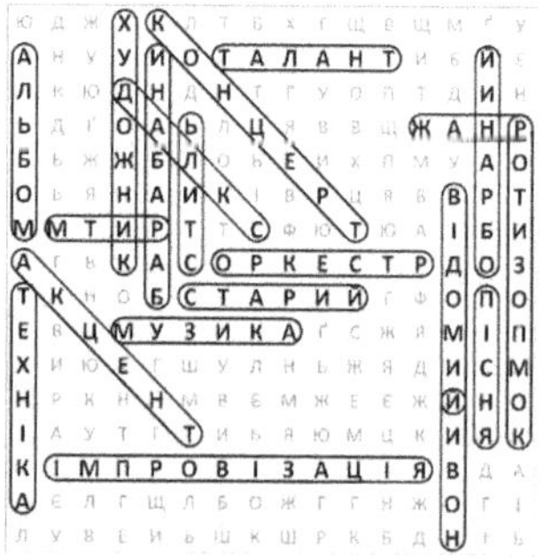

95 - Mediciones

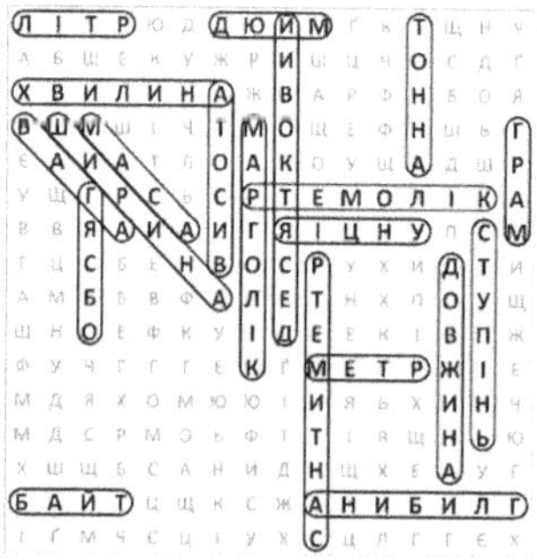

96 - Barcos

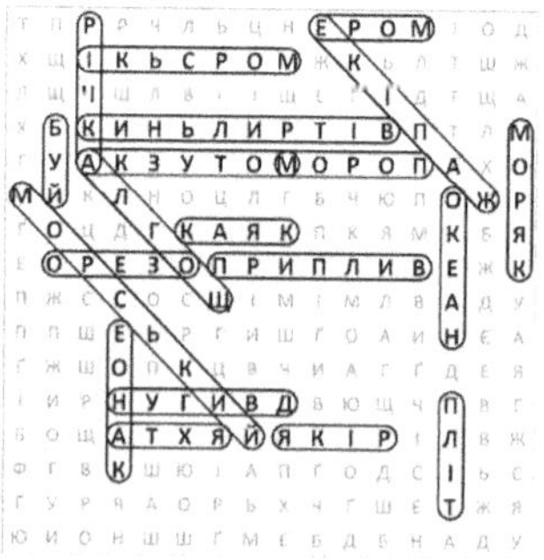

97 - Antártida

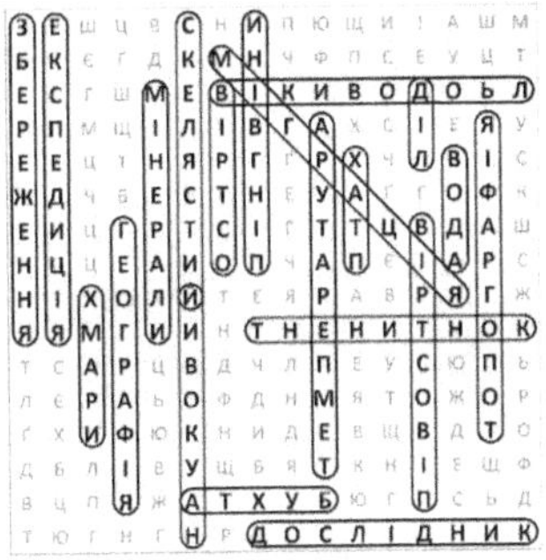

98 - Mamíferos

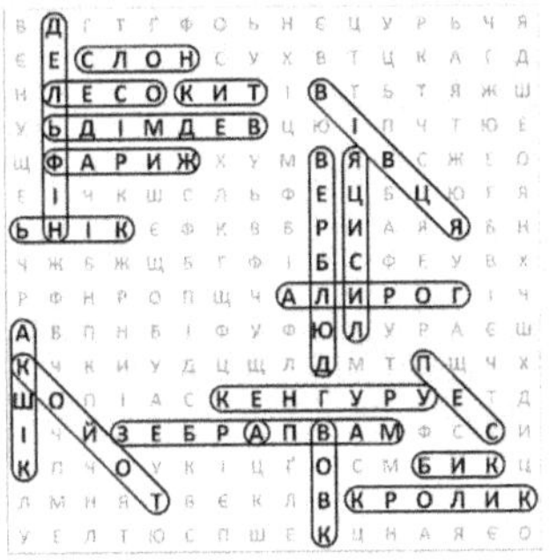

99 - Abejas

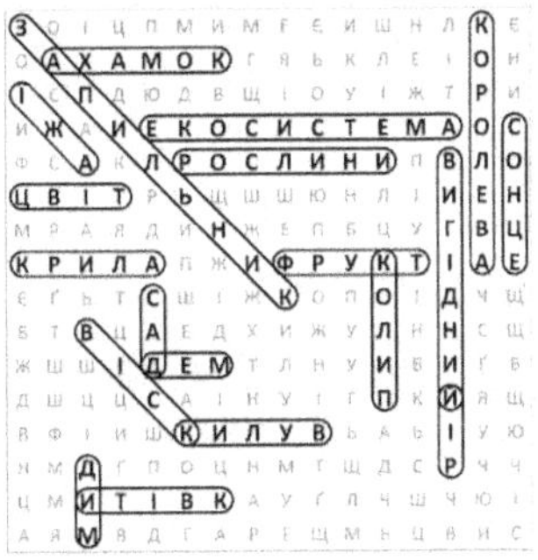

100 - Psicología

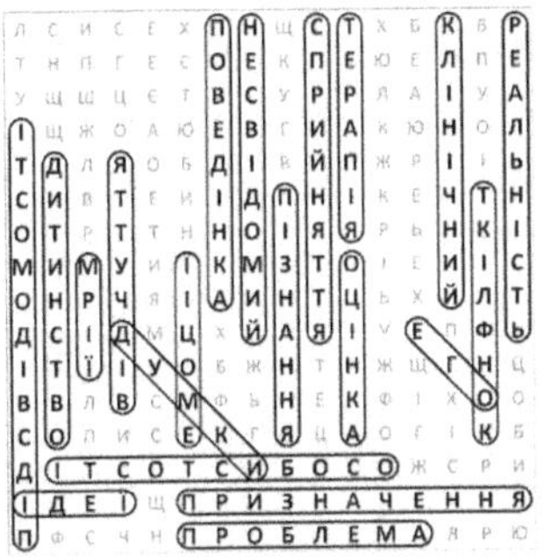

Diccionario

Abejas
Бджола

Alas	Крила
Beneficioso	Вигідний
Cera	Віск
Colmena	Вулик
Comida	Їжа
Ecosistema	Екосистема
Enjambre	Рій
Flor	Цвіт
Flores	Квіти
Fruta	Фрукт
Humo	Дим
Insecto	Комаха
Jardín	Сад
Miel	Мед
Plantas	Рослини
Polen	Пилок
Polinizador	Запильник
Reina	Королева
Sol	Сонце

Actividades
Види Діяльності

Actividad	Діяльність
Arte	Мистецтво
Artesanía	Ремесла
Camping	Кемпінг
Caza	Полювання
Cerámica	Кераміка
Costura	Шиття
Fotografía	Фотографія
Habilidad	Навичка
Intereses	Інтереси
Jardinería	Садівництво
Juegos	Ігри
Lectura	Читання
Magia	Магія
Ocio	Дозвілля
Pesca	Риболовля
Placer	Задоволення
Relajación	Розслаблення
Rompecabezas	Загадки
Tejer	В'Язання

Adjetivos #1
Прикметники #1

Absoluto	Абсолютний
Activo	Активний
Ambicioso	Амбітні
Aromático	Ароматичний
Atractivo	Привабливий
Brillante	Яскравий
Enorme	Величезний
Generoso	Щедрий
Grande	Великий
Honesto	Чесний
Importante	Важливий
Inocente	Невинний
Joven	Молодий
Lento	Повільний
Moderno	Сучасний
Oscuro	Темний
Perfecto	Ідеальний
Pesado	Важкий
Serio	Серйозний
Valioso	Цінний

Adjetivos #2
Прикметники #2

Cansado	Втомився
Comestible	Їстівний
Creativo	Творчий
Descriptivo	Описовий
Dramático	Драматичні
Dulce	Солодкий
Elegante	Елегантний
Famoso	Відомий
Fresco	Свіжий
Fuerte	Сильний
Interesante	Цікавий
Natural	Природний
Normal	Нормальний
Nuevo	Новий
Orgulloso	Гордий
Picante	Гострий
Productivo	Продуктивний
Salado	Солоний
Saludable	Здоровий
Seco	Сухий

Agronomía
Агрономія

Agricultura	Господарство
Agua	Вода
Ciencia	Наука
Comida	Їжа
Contaminación	Забруднення
Crecimiento	Зростання
Ecología	Екологія
Energía	Енергія
Enfermedades	Хвороба
Erosión	Ерозія
Fertilizante	Добриво
Identificación	Ідентифікація
Medio Ambiente	Середовище
Orgánico	Органічний
Plantas	Рослини
Producción	Виробництво
Rural	Сільський
Semillas	Насіння
Sistemas	Системи
Verduras	Овочі

Antártida
Антарктида

Agua	Вода
Bahía	Бухта
Científico	Науковий
Conservación	Збереження
Continente	Континент
Expedición	Експедиція
Geografía	Географія
Glaciares	Льодовиків
Hielo	Лід
Investigador	Дослідник
Islas	Острів
Migración	Міграція
Minerales	Мінерали
Nubes	Хмари
Pájaros	Птах
Península	Півострів
Pingüinos	Пінгвіни
Rocoso	Скелястий
Temperatura	Температура
Topografía	Топографія

Antigüedades
Антикваріат

Arte	Мистецтво
Auténtico	Справжнім
Calidad	Якість
Decorativo	Декоративні
Décadas	Десятиліття
Elegante	Елегантний
Entusiasta	Ентузіаст
Escultura	Скульптура
Estilo	Стиль
Galería	Галерея
Inusual	Незвичайні
Inversión	Інвестиції
Monedas	Монети
Mueble	Меблі
Precio	Ціна
Restauración	Реставрація
Siglo	Століття
Subasta	Аукціон
Valor	Цінність
Viejo	Старий

Arqueología
Археологія

Análisis	Аналіз
Años	Років
Civilización	Цивілізація
Descendiente	Нащадка
Desconocido	Невідомий
Equipo	Команда
Era	Ера
Evaluación	Оцінка
Experto	Експерт
Fósil	Викопний
Fragmentos	Фрагменти
Huesos	Кістки
Investigador	Дослідник
Misterio	Таємниця
Objetos	Об'Єкт
Olvidado	Забутий
Profesor	Професор
Reliquia	Реліквія
Templo	Храм
Tumba	Могила

Astronomía
Астрономія

Asteroide	Астероїд
Astronauta	Астронавт
Astrónomo	Астроном
Cielo	Небо
Cohete	Ракета
Constelación	Сузір'Я
Cosmos	Космос
Eclipse	Затемнення
Equinoccio	Рівнодення
Galaxia	Галактика
Luna	Місяць
Meteoro	Метеор
Observatorio	Обсерваторія
Planeta	Планета
Radiación	Радіація
Satélite	Супутник
Supernova	Наднова
Telescopio	Телескоп
Tierra	Земля
Universo	Всесвіт

Aventura
Пригоди

Actividad	Діяльність
Alegría	Радість
Amigos	Друзі
Belleza	Краса
Destino	Призначення
Dificultad	Трудність
Entusiasmo	Ентузіазм
Excursión	Екскурсія
Inusual	Незвичайні
Itinerario	Маршрут
Naturaleza	Природа
Navegación	Навігація
Nuevo	Новий
Oportunidad	Шанс
Peligroso	Небезпечний
Preparación	Підготовка
Seguridad	Безпека
Valentía	Хоробрість
Viajes	Подорожі

Aviones
Літаки

Aire	Повітря
Altura	Висота
Aterrizaje	Посадка
Atmósfera	Атмосфера
Aventura	Пригода
Cielo	Небо
Clima	Погода
Combustible	Паливо
Construcción	Будівництво
Descenso	Спуск
Dirección	Напрям
Diseño	Дизайн
Hélices	Гвинти
Hidrógeno	Водень
Historia	Історія
Inflar	Надути
Motor	Двигун
Pasajero	Пасажир
Piloto	Пілот
Tripulación	Екіпаж

Álgebra
Алгебра

Cantidad	Кількість
Cero	Нуль
Diagrama	Діаграма
Ecuación	Рівняння
Exponente	Показник
Factor	Фактор
Falso	Помилковий
Fórmula	Формула
Gráfico	Графік
Infinito	Нескінченний
Lineal	Лінійний
Matriz	Матриця
Número	Число
Paréntesis	Дужки
Problema	Проблема
Resolver	Вирішити
Resta	Віднімання
Simplificar	Спростити
Solución	Рішення
Variable	Змінна

Baile
Танець

Academia	Академія
Alegre	Радісний
Arte	Мистецтво
Clásico	Класичний
Coreografía	Хореографія
Cuerpo	Тіло
Cultura	Культура
Cultural	Культурний
Emoción	Емоція
Ensayo	Репетиція
Expresivo	Виразний
Gracia	Благодать
Movimiento	Рух
Música	Музика
Postura	Постава
Ritmo	Ритм
Socio	Партнер
Tradicional	Традиційний
Visual	Візуальний

Ballet
Балет

Aplauso	Оплески
Artístico	Художній
Audiencia	Аудиторія
Bailarina	Балерина
Bailarines	Танцюристів
Compositor	Композитор
Coreografía	Хореографія
Ensayo	Репетиція
Estilo	Стиль
Expresivo	Виразний
Gesto	Жест
Habilidad	Навичка
Intensidad	Інтенсивність
Lecciones	Уроки
Músculos	М'Язи
Música	Музика
Orquesta	Оркестр
Práctica	Практика
Ritmo	Ритм
Técnica	Техніка

Barbacoas
Барбекю

Almuerzo	Обід
Caliente	Гаряче
Cebollas	Цибуля
Cena	Вечеря
Cuchillos	Ножі
Ensaladas	Салати
Familia	Родина
Fruta	Фрукт
Hambre	Голод
Juegos	Ігри
Música	Музика
Niños	Діти
Parrilla	Гриль
Pimienta	Перець
Pollo	Курка
Sal	Сіль
Salsa	Соус
Tomates	Помідори
Verano	Літо
Verduras	Овочі

Barcos
Катери

Ancla	Якір
Balsa	Пліт
Boya	Буй
Canoa	Каное
Cuerda	Мотузка
Ferry	Пором
Kayak	Каяк
Lago	Озеро
Mar	Море
Marea	Приплив
Marinero	Моряк
Marítimo	Морський
Mástil	Щогла
Motor	Двигун
Náutico	Морські
Océano	Океан
Río	Річка
Tripulación	Екіпаж
Velero	Вітрильник
Yate	Яхта

Belleza
Краса

Aceites	Масла
Aroma	Запах
Champú	Шампунь
Color	Колір
Cosméticos	Косметика
Elegancia	Елегантність
Elegante	Елегантний
Encanto	Шарм
Espejo	Дзеркало
Estilista	Стиліст
Fotogénico	Фотогенічний
Fragancia	Аромат
Gracia	Благодать
Maquillaje	Макіяж
Piel	Шкіра
Pintalabios	Помада
Rizos	Кучер
Rímel	Туш
Servicios	Послуги
Tijeras	Ножиці

Biología
Біології

Anatomía	Анатомія
Bacterias	Бактерії
Celda	Комірка
Colágeno	Колаген
Cromosoma	Хромосома
Embrión	Ембріон
Enzima	Фермент
Evolución	Еволюція
Fotosíntesis	Фотосинтез
Hormona	Гормон
Mamífero	Ссавець
Mutación	Мутація
Natural	Природний
Nervio	Нерв
Neurona	Нейрон
Ósmosis	Осмос
Proteína	Білок
Reptil	Рептилія
Simbiosis	Симбіоз
Sinapsis	Синапс

Calentamiento Global
Глобальне Потепління

Ahora	Зараз
Ambiental	Екологічні
Atención	Увага
Ártico	Арктичний
Científico	Вчений
Clima	Клімат
Consecuencias	Наслідки
Crisis	Криза
Datos	Дані
Desarrollo	Розвиток
Energía	Енергія
Futuro	Майбутнє
Gas	Газ
Generaciones	Покоління
Gobierno	Уряд
Industria	Промисловості
Internacional	Міжнародний
Legislación	Законодавство
Poblaciones	Населення
Temperaturas	Температури

Camping
Кемпінг

Animales	Тварин
Aventura	Пригода
Árboles	Дерева
Bosque	Ліс
Brújula	Компас
Cabina	Кабіна
Canoa	Каное
Caza	Полювання
Cuerda	Мотузка
Equipo	Обладнання
Fuego	Вогонь
Hamaca	Гамак
Insecto	Комаха
Lago	Озеро
Linterna	Ліхтар
Luna	Місяць
Mapa	Карта
Montaña	Гора
Naturaleza	Природа
Sombrero	Капелюх

Casa
Будинок

Alfombra	Килимок
Ático	Горище
Biblioteca	Бібліотека
Chimenea	Камін
Cocina	Кухня
Dormitorio	Спальня
Ducha	Душ
Escoba	Мітла
Espejo	Дзеркало
Garaje	Гараж
Grifo	Кран
Jardín	Сад
Lámpara	Лампа
Pared	Стіна
Piso	Поверх
Puerta	Двері
Sótano	Підвал
Techo	Дах
Valla	Паркан
Ventana	Вікно

Ciencia
Наукова

Átomo	Атом
Científico	Вчений
Clima	Клімат
Datos	Дані
Evolución	Еволюція
Experimento	Експеримент
Física	Фізика
Fósil	Викопний
Gravedad	Гравітація
Hecho	Факт
Hipótesis	Гіпотеза
Laboratorio	Лабораторія
Método	Метод
Minerales	Мінерали
Moléculas	Молекули
Naturaleza	Природа
Organismo	Організм
Partículas	Частинки
Plantas	Рослини
Químico	Хімічні

Ciencia Ficción
Наукова Фантастика

Atómico	Атомний
Cine	Кіно
Distante	Далекий
Escenario	Сценарій
Explosión	Вибух
Fantástico	Фантастичний
Fuego	Вогонь
Futurista	Футуристичний
Galaxia	Галактика
Ilusión	Ілюзія
Imaginario	Уявний
Libros	Книги
Misterioso	Таємничий
Mundo	Світ
Oráculo	Оракул
Planeta	Планета
Realista	Реалістичний
Robots	Роботи
Tecnología	Технологія
Utopía	Утопія

Ciudad
Місто

Aeropuerto	Аеропорт
Banco	Банк
Biblioteca	Бібліотека
Cine	Кіно
Clínica	Клініка
Escuela	Школа
Estadio	Стадіон
Farmacia	Аптека
Florista	Флорист
Galería	Галерея
Hotel	Готель
Mercado	Ринок
Museo	Музей
Panadería	Пекарня
Restaurante	Ресторан
Supermercado	Супермаркет
Teatro	Театр
Tienda	Магазин
Universidad	Університет
Zoo	Зоопарк

Clima
Погода

Atmósfera	Атмосфера
Brisa	Бриз
Cielo	Небо
Clima	Клімат
Hielo	Лід
Huracán	Ураган
Inundación	Повінь
Monzón	Мусон
Niebla	Туман
Nube	Хмара
Polar	Полярний
Rayo	Блискавка
Seco	Сухі
Sequía	Посуха
Temperatura	Температура
Tormenta	Бур
Tornado	Торнадо
Tropical	Тропічний
Trueno	Грим
Viento	Вітер

Cocina
Кухня

Caldera	Чайник
Comida	Їжа
Congelador	Морозильник
Cucharas	Ложки
Cuchillos	Ножі
Delantal	Фартух
Especias	Спеції
Esponja	Губка
Horno	Піч
Jarra	Глечик
Palillos	Паличками
Parrilla	Гриль
Receta	Рецепт
Refrigerador	Холодильник
Servilleta	Серветка
Tarro	Глек
Tazas	Чашки
Tazón	Чаша
Tenedores	Вилки

Comida #1
Харчування #1

Ajo	Часник
Albahaca	Василь
Atún	Тунець
Azúcar	Цукор
Canela	Кориця
Carne	М'Ясо
Cebada	Ячмінь
Cebolla	Цибуля
Ensalada	Салат
Espinacas	Шпинат
Fresa	Полуниця
Jugo	Сік
Leche	Молоко
Limón	Лимон
Menta	М'Ята
Nabo	Ріпа
Pera	Груша
Sal	Сіль
Sopa	Суп
Zanahoria	Морква

Comida #2
Харчування #2

Alcachofa	Артишок
Almendra	Мигдаль
Apio	Селера
Arroz	Рис
Berenjena	Баклажан
Cereza	Вишня
Chocolate	Шоколад
Girasol	Соняшник
Huevo	Яйце
Jengibre	Імбир
Kiwi	Ківі
Manzana	Яблуко
Pan	Хліб
Plátano	Банан
Pollo	Курка
Queso	Сир
Tomate	Помідор
Trigo	Пшениця
Uva	Виноград
Yogur	Йогурт

Conduciendo
Водіння

Accidente	Аварія
Calle	Вулиця
Camión	Вантажівка
Coche	Автомобіль
Combustible	Паливо
Frenos	Гальма
Garaje	Гараж
Gas	Газ
Licencia	Ліцензія
Mapa	Карта
Motocicleta	Мотоцикл
Motor	Мотор
Peatonal	Пішохід
Peligro	Небезпека
Policía	Поліція
Seguridad	Безпека
Transporte	Транспорт
Tráfico	Трафік
Túnel	Тунель
Velocidad	Швидкість

Creatividad
Творчість

Artístico	Художній
Autenticidad	Автентичність
Claridad	Ясність
Dramático	Драматичні
Emociones	Емоції
Espontáneo	Спонтанний
Expresión	Вираз
Fluidez	Плинність
Habilidad	Навичка
Ideas	Ідеї
Imagen	Зображення
Imaginación	Уява
Impresión	Враження
Inspiración	Натхнення
Intensidad	Інтенсивність
Intuición	Інтуїція
Sensación	Відчуття
Sentimientos	Почуття
Visiones	Бачення

Cuerpo Humano
Людське Тіло

Barbilla	Підборіддя
Boca	Рот
Cabeza	Голова
Cara	Обличчя
Cerebro	Мозок
Codo	Лікоть
Corazón	Серце
Cuello	Шия
Dedo	Палець
Hombro	Плече
Lengua	Язик
Mano	Рука
Nariz	Ніс
Ojo	Око
Oreja	Вухо
Piel	Шкіра
Pierna	Нога
Rodilla	Коліна
Sangre	Кров
Tobillo	Щиколотки

Deporte
Спорт

Atleta	Спортсмен
Baile	Танці
Capacidad	Здатність
Cuerpo	Тіло
Deportes	Спорт
Dieta	Дієта
Entrenador	Тренер
Estiramiento	Розтягування
Fuerza	Сила
Huesos	Кістки
Maximizar	Максимізувати
Meta	Мета
Metabólico	Метаболічний
Músculos	М'Язи
Nadar	Плавати
Nutrición	Харчування
Programa	Програма
Resistencia	Витривалість
Salud	Здоров'Я

Deportes
Спортивний

Atleta	Спортсмен
Árbitro	Суддя
Baloncesto	Баскетбол
Béisbol	Бейсбол
Bicicleta	Велосипед
Campeonato	Чемпіонат
Entrenador	Тренер
Equipo	Команда
Estadio	Стадіон
Ganador	Переможець
Gimnasia	Гімнастика
Gimnasio	Гімназія
Golf	Гольф
Hockey	Хокей
Juego	Гра
Jugador	Гравець
Movimiento	Рух
Nadar	Плавати
Tenis	Теніс

Diplomacia
Дипломатія

Asesor	Радник
Campañas	Кампанії
Comunidad	Громада
Conflicto	Конфлікт
Cooperación	Співпраця
Diplomático	Дипломатичний
Discusión	Обговорення
Embajada	Посольство
Embajador	Посол
Extranjero	Іноземний
Ética	Етика
Gobierno	Уряд
Humanitario	Гуманітарний
Idiomas	Мови
Integridad	Цілісність
Política	Політика
Resolución	Резолюція
Seguridad	Безпека
Solución	Рішення
Tratado	Договір

Disciplinas Científicas
Наукові Дисципліни

Anatomía	Анатомія
Arqueología	Археологія
Astronomía	Астрономія
Biología	Біологія
Bioquímica	Біохімія
Botánica	Ботаніка
Ecología	Екологія
Fisiología	Фізіологія
Geología	Геологія
Inmunología	Імунологія
Lingüística	Лінгвістика
Mecánica	Механіка
Meteorología	Метеорологія
Mineralogía	Мінералогія
Neurología	Неврологія
Psicología	Психологія
Química	Хімія
Sociología	Соціологія
Termodinámica	Термодинаміка
Zoología	Зоологія

Días y Meses
Дні та Місяці

Abril	Квітень
Agosto	Серпень
Año	Рік
Calendario	Календар
Domingo	Неділя
Enero	Січень
Febrero	Лютий
Jueves	Четвер
Julio	Липень
Junio	Червень
Lunes	Понеділок
Martes	Вівторок
Mes	Місяць
Miércoles	Середа
Noviembre	Листопад
Octubre	Жовтень
Sábado	Субота
Semana	Тиждень
Septiembre	Вересень
Viernes	П'Ятниця

Edificios
Будинки

Albergue	Гуртожиток
Apartamento	Квартира
Castillo	Замок
Cine	Кіно
Embajada	Посольство
Escuela	Школа
Estadio	Стадіон
Fábrica	Фабрика
Garaje	Гараж
Granero	Сарай
Granja	Ферма
Hospital	Лікарня
Hotel	Готель
Laboratorio	Лабораторія
Museo	Музей
Observatorio	Обсерваторія
Supermercado	Супермаркет
Teatro	Театр
Torre	Вежа
Universidad	Університет

Electricidad
Електрика

Almacenamiento	Зберігання
Batería	Батарея
Cable	Кабель
Cables	Дроти
Cantidad	Кількість
Electricista	Електрик
Eléctrico	Електричний
Enchufe	Розетка
Equipo	Обладнання
Generador	Генератор
Imán	Магніт
Lámpara	Лампа
Láser	Лазер
Negativo	Негативний
Objetos	Об'Єкт
Positivo	Позитивний
Red	Мережа
Televisión	Телебачення
Teléfono	Телефон

Energía
Енергія

Batería	Батарея
Calor	Тепло
Carbono	Вуглець
Combustible	Паливо
Contaminación	Забруднення
Diesel	Дизель
Electrón	Електрон
Eléctrico	Електричний
Entropía	Ентропія
Fotón	Фотон
Gasolina	Бензин
Hidrógeno	Водень
Industria	Промисловості
Motor	Двигун
Nuclear	Ядерний
Renovable	Поновлюваних
Sol	Сонце
Turbina	Турбіна
Vapor	Пар
Viento	Вітер

Enfermedad
Захворювання

Abdominal	Черевної
Alergias	Алергія
Bienestar	Оздоровчий
Contagioso	Заразний
Corazón	Серце
Crónica	Хронічний
Cuerpo	Тіло
Débil	Слабкий
Genético	Генетичні
Hereditario	Спадковий
Huesos	Кістки
Inflamación	Запалення
Inmunidad	Імунітет
Lumbar	Поперекового
Neuropatía	Нейропатія
Pulmonar	Легеневий
Respiratorio	Дихальний
Salud	Здоров'Я
Síndrome	Синдром
Terapia	Терапія

Especias
Спеції

Agrio	Кислий
Ajo	Часник
Amargo	Гіркий
Anís	Аніс
Azafrán	Шафран
Canela	Кориця
Cardamomo	Кардамон
Cebolla	Цибуля
Clavo	Гвоздика
Comino	Кмин
Curry	Каррі
Dulce	Солодкий
Hinojo	Фенхель
Jengibre	Імбир
Pimentón	Паприка
Pimienta	Перець
Regaliz	Солодка
Sabor	Аромат
Sal	Сіль
Vainilla	Ваніль

Familia
Сімейний

Abuela	Бабуся
Abuelo	Дід
Antepasado	Предок
Esposa	Дружина
Hermana	Сестра
Hermano	Брат
Hija	Дочка
Infancia	Дитинство
Madre	Мати
Marido	Чоловік
Materno	Материнський
Nieto	Онук
Niño	Дитина
Niños	Діти
Padre	Батько
Primo	Кузен
Sobrina	Племінниця
Sobrino	Племінник
Tía	Тітка
Tío	Дядько

Filantropía
Благодійність

Caridad	Благодійність
Comunidad	Громада
Contactos	Контакти
Finanzas	Фінанси
Fondos	Кошти
Generosidad	Щедрість
Gente	Люди
Global	Глобальний
Grupos	Групи
Historia	Історія
Honestidad	Чесність
Humanidad	Людство
Juventud	Молодь
Metas	Цілі
Misión	Місія
Necesitar	Потреба
Niños	Діти
Programas	Програми
Público	Громадський

Física
Фізика

Aceleración	Прискорення
Átomo	Атом
Caos	Хаос
Densidad	Щільність
Electrón	Електрон
Fórmula	Формула
Frecuencia	Частота
Gas	Газ
Gravedad	Гравітація
Magnetismo	Магнетизм
Masa	Маса
Mecánica	Механіка
Molécula	Молекула
Motor	Двигун
Nuclear	Ядерний
Partícula	Частинка
Químico	Хімічні
Relatividad	Відносність
Universal	Універсальний
Velocidad	Швидкість

Flores
Квіти

Amapola	Мак
Caléndula	Календула
Diente de León	Кульбаба
Gardenia	Гарденія
Girasol	Соняшник
Hibisco	Гібіскус
Jazmín	Жасмин
Lavanda	Лаванда
Lila	Бузок
Lirio	Лілія
Magnolia	Магнолія
Margarita	Ромашка
Orquídea	Орхідея
Peonía	Півонія
Pétalo	Пелюстка
Plumeria	Плюмерія
Ramo	Букет
Rosa	Троянда
Trébol	Конюшина
Tulipán	Тюльпан

Formas
Форми

Arco	Дуга
Cilindro	Циліндр
Círculo	Коло
Cono	Конус
Cuadrado	Площа
Cubo	Куб
Curva	Крива
Elipse	Еліпс
Esfera	Сфера
Esquina	Кут
Hipérbola	Гіпербола
Lado	Бік
Línea	Лінія
Oval	Овальний
Pirámide	Піраміда
Polígono	Багатокутник
Prisma	Призма
Rectángulo	Прямокутник
Ronda	Круглий
Triángulo	Трикутник

Fotografía
Фотозйомка

Cámara	Камера
Color	Колір
Composición	Склад
Contraste	Контраст
Definición	Визначення
Exposición	Виставка
Formato	Формат
Iluminación	Освітлення
Marco	Рамка
Negro	Чорний
Objeto	Об'Єкт
Oscuridad	Темрява
Perspectiva	Перспектива
Retrato	Портрет
Sombras	Тіні
Tema	Предмет
Textura	Текстура
Vista	Вид
Visual	Візуальний

Fruta
Фрукти

Aguacate	Авокадо
Albaricoque	Абрикос
Baya	Ягода
Cereza	Вишня
Coco	Кокос
Frambuesa	Малина
Guayaba	Гуава
Kiwi	Ківі
Limón	Лимон
Mango	Манго
Manzana	Яблуко
Melocotón	Персик
Melón	Диня
Naranja	Оранжевий
Nectarina	Нектарин
Papaya	Папайя
Pera	Груша
Piña	Ананас
Plátano	Банан
Uva	Виноград

Fuerza y Gravedad
Сила і Гравітація

Centro	Центр
Descubrimiento	Відкриття
Dinámico	Динамічний
Distancia	Відстань
Eje	Вісь
Expansión	Розширення
Física	Фізика
Fricción	Тертя
Impacto	Вплив
Magnetismo	Магнетизм
Magnitud	Величина
Mecánica	Механіка
Órbita	Орбіта
Peso	Вага
Planetas	Планет
Presión	Тиск
Propiedades	Властивості
Tiempo	Час
Universal	Універсальний
Velocidad	Швидкість

Geografía
Географія

Altitud	Висота
Atlas	Атлас
Ciudad	Місто
Continente	Континент
Hemisferio	Півкуля
Isla	Острів
Latitud	Широта
Longitud	Довгота
Mapa	Карта
Mar	Море
Meridiano	Меридіан
Montaña	Гора
Mundo	Світ
Norte	Північ
Oeste	Захід
País	Країна
Región	Регіон
Río	Річка
Sur	Південь
Territorio	Територія

Geología
Геологія

Ácido	Кислота
Calcio	Кальцій
Capa	Шар
Caverna	Печера
Continente	Континент
Coral	Кораловий
Cristales	Кристали
Cuarzo	Кварц
Erosión	Ерозія
Estalactita	Сталактит
Estalagmitas	Сталагміти
Fósil	Викопний
Géiser	Гейзер
Lava	Лава
Meseta	Плато
Minerales	Мінерали
Piedra	Камінь
Sal	Сіль
Terremoto	Землетрус
Volcán	Вулкан

Geometría
Геометрія

Altura	Висота
Ángulo	Кут
Cálculo	Розрахунок
Curva	Крива
Diámetro	Діаметр
Dimensión	Вимір
Ecuación	Рівняння
Lógica	Логіка
Masa	Маса
Mediana	Медіана
Número	Число
Paralelo	Паралельний
Probabilidad	Ймовірність
Proporción	Пропорція
Segmento	Сегмент
Simetría	Симетрія
Superficie	Поверхня
Teoría	Теорія
Triángulo	Трикутник
Vertical	Вертикальні

Gobierno
Уряду

Ciudadanía	Громадянство
Civil	Цивільний
Constitución	Конституція
Democracia	Демократія
Derechos	Права
Discurso	Мовлення
Discusión	Обговорення
Distrito	Район
Estado	Стан
Igualdad	Рівність
Independencia	Незалежність
Judicial	Судової
Ley	Закон
Libertad	Свобода
Líder	Лідер
Monumento	Пам'Ятник
Nacional	Національний
Nación	Нація
Política	Політика
Símbolo	Символ

Granja #1
Ферма #1

Abeja	Бджола
Agua	Вода
Arroz	Рис
Burro	Осел
Caballo	Кінь
Cabra	Коза
Campo	Поле
Cuervo	Ворона
Fertilizante	Добриво
Gato	Кішка
Heno	Сіно
Miel	Мед
Perro	Пес
Pollo	Курка
Rebaño	Зграя
Semillas	Насіння
Ternero	Теля
Tierra	Земля
Vaca	Корова
Valla	Паркан

Granja #2
Ферма #2

Agricultor	Фермер
Animales	Тварин
Cebada	Ячмінь
Colmena	Вулик
Comida	Їжа
Cordero	Ягня
Fruta	Фрукт
Granero	Сарай
Huerto	Фруктовий Сад
Leche	Молоко
Llama	Лама
Maíz	Кукурудза
Oveja	Вівця
Pastor	Пастух
Pato	Качка
Prado	Луг
Riego	Зрошення
Tractor	Трактор
Trigo	Пшениця
Vegetal	Овоч

Herboristería
Травотравизм

Ajo	Часник
Albahaca	Василь
Aromático	Ароматичний
Azafrán	Шафран
Calidad	Якість
Culinario	Кулінарні
Eneldo	Кріп
Estragón	Естрагон
Flor	Квітка
Hinojo	Фенхель
Ingrediente	Інгредієнт
Jardín	Сад
Lavanda	Лаванда
Mejorana	Майоран
Menta	М'Ята
Perejil	Петрушка
Planta	Рослина
Romero	Розмарин
Sabor	Аромат
Verde	Зелений

Ingeniería
Інженерія

Ángulo	Кут
Cálculo	Розрахунок
Construcción	Будівництво
Diagrama	Діаграма
Diámetro	Діаметр
Diesel	Дизель
Distribución	Розподіл
Eje	Вісь
Energía	Енергія
Estabilidad	Стабільність
Estructura	Структура
Fricción	Тертя
Fuerza	Сила
Líquido	Рідина
Máquina	Машина
Medición	Вимірювання
Motor	Двигун
Palancas	Важелі
Profundidad	Глибина
Propulsión	Рушій

Inmigración
Імміграції

Administración	Адміністрація
Adultos	Дорослі
Aprobación	Затвердження
Ayuda	Допомога
Comunicación	Зв'Язки
Documentos	Документи
Estrés	Стрес
Fecha Límite	Термін
Financiación	Фінансування
Idioma	Мова
Ley	Закон
Negociación	Переговори
Niños	Діти
Oficial	Офіцер
Proceso	Процес
Protección	Захист
Situación	Ситуація
Solución	Рішення
Vivienda	Житло

Insectos
Комахи

Abeja	Бджола
Avispa	Оса
Avispón	Шершень
Áfido	Попелиця
Cigarra	Цикада
Cucaracha	Тарган
Escarabajo	Жук
Gusano	Хробак
Hormiga	Мураха
Langosta	Сарана
Larva	Личинка
Libélula	Бабка
Mantis	Богомол
Mariposa	Метелик
Mariquita	Сонечко
Mosquito	Комар
Pulga	Блоха
Saltamontes	Коник
Termita	Терміт

Instrumentos Musicales
Музичні Інструменти

Armónica	Гармоніка
Arpa	Арфа
Banjo	Банджо
Baquetas	Гомілки
Clarinete	Кларнет
Fagot	Фагот
Flauta	Флейта
Gong	Гонг
Guitarra	Гітара
Mandolina	Мандоліна
Oboe	Гобой
Pandereta	Бубон
Percusión	Удар
Piano	Фортепіано
Saxofón	Саксофон
Tambor	Барабан
Trombón	Тромбон
Trompeta	Труба
Violín	Скрипка
Violonchelo	Віолончель

Jardinería
Садівництво

Agua	Вода
Botánico	Ботанічний
Clima	Клімат
Comestible	Їстівний
Compost	Компост
Contenedor	Контейнер
Especie	Вид
Estacional	Сезонний
Exótico	Екзотичні
Flor	Цвіт
Floral	Квіткові
Follaje	Листя
Hoja	Лист
Huerto	Фруктовий Сад
Humedad	Вологі
Manguera	Шланг
Ramo	Букет
Semillas	Насіння
Suciedad	Бруд
Suelo	Ґрунт

Jardín
Сад

Arbusto	Кущ
Árbol	Дерево
Banco	Лава
Césped	Газон
Estanque	Ставок
Flor	Квітка
Garaje	Гараж
Hamaca	Гамак
Hierba	Трава
Huerto	Фруктовий Сад
Jardín	Сад
Malezas	Бур'Янів
Manguera	Шланг
Pala	Лопата
Porche	Ганок
Rastrillo	Граблі
Suelo	Ґрунт
Terraza	Тераса
Trampolín	Батут
Valla	Паркан

Jazz
Джаз

Artista	Художник
Álbum	Альбом
Canción	Пісня
Composición	Склад
Compositor	Композитор
Concierto	Концерт
Estilo	Стиль
Énfasis	Акцент
Famoso	Відомий
Favoritos	Обраний
Género	Жанр
Improvisación	Імпровізація
Música	Музика
Nuevo	Новий
Orquesta	Оркестр
Ritmo	Ритм
Talento	Талант
Tambores	Барабани
Técnica	Техніка
Viejo	Старий

La Empresa
Компанія

Calidad	Якість
Creativo	Творчий
Decisión	Рішення
Empleo	Зайнятість
Global	Глобальний
Industria	Промисловості
Ingresos	Дохід
Innovador	Інноваційний
Inversión	Інвестиції
Negocio	Бізнес
Posibilidad	Можливість
Presentación	Презентація
Producto	Продукт
Profesional	Професійний
Progreso	Прогрес
Recursos	Ресурси
Reputación	Репутація
Riesgos	Ризики
Tendencias	Тенденції
Unidades	Одиниць

Libros
Книги

Autor	Автор
Aventura	Пригода
Colección	Колекція
Contexto	Контекст
Dualidad	Подвійність
Escrito	Написана
Historia	Історія
Histórico	Історичний
Humorístico	Гумористичний
Inmersión	Занурення
Lector	Читач
Literario	Літературний
Narrador	Оповідач
Novela	Роман
Página	Сторінка
Pertinente	Відповідні
Poema	Вірш
Poesía	Поезія
Serie	Серія
Trágico	Трагічний

Literatura
Література

Analogía	Аналогія
Análisis	Аналіз
Anécdota	Анекдот
Autor	Автор
Biografía	Біографія
Comparación	Порівняння
Conclusión	Висновок
Descripción	Опис
Diálogo	Діалог
Estilo	Стиль
Ficción	Вигадка
Metáfora	Метафора
Narrador	Оповідач
Novela	Роман
Poema	Вірш
Poético	Поетичний
Rima	Рима
Ritmo	Ритм
Tema	Тема
Tragedia	Трагедія

Los Medios de Comunicación

Змі

Comercial	Комерційний
Comunicación	Зв'Язки
Digital	Цифровий
Edición	Видання
Educación	Освіта
En Línea	Онлайн
Financiación	Фінансування
Fotos	Фото
Hechos	Факти
Imágenes	Зображення
Industria	Промисловості
Local	Місцевий
Opinión	Думка
Periódicos	Газети
Público	Громадський
Radio	Радіо
Red	Мережа
Revistas	Журнали
Televisión	Телебачення

Mamíferos

Ссавці

Ballena	Кит
Burro	Осел
Caballo	Кінь
Camello	Верблюд
Canguro	Кенгуру
Cebra	Зебра
Conejo	Кролик
Coyote	Койот
Delfín	Дельфін
Elefante	Слон
Gato	Кішка
Gorila	Горила
Jirafa	Жираф
Lobo	Вовк
Mono	Мавпа
Oso	Ведмідь
Oveja	Вівця
Perro	Пес
Toro	Бик
Zorro	Лисиця

Matemáticas

Математика

Aritmética	Арифметика
Ángulos	Кути
Circunferencia	Округ
Cuadrado	Площа
Decimal	Десятковий
Diámetro	Діаметр
Ecuación	Рівняння
Esfera	Сфера
Exponente	Показник
Geometría	Геометрія
Paralelo	Паралельний
Paralelogramo	Паралелограм
Perímetro	Периметр
Polígono	Багатокутник
Radio	Радіус
Rectángulo	Прямокутник
Simetría	Симетрія
Suma	Сума
Triángulo	Трикутник
Volumen	Обсяг

Mediciones

Вимірювання

Altura	Висота
Ancho	Ширина
Byte	Байт
Centímetro	Сантиметр
Decimal	Десятковий
Grado	Ступінь
Gramo	Грам
Kilogramo	Кілограм
Kilómetro	Кілометр
Litro	Літр
Longitud	Довжина
Masa	Маса
Metro	Метр
Minuto	Хвилина
Onza	Унція
Peso	Вага
Profundidad	Глибина
Pulgada	Дюйм
Tonelada	Тонна
Volumen	Обсяг

Meditación

Медитація

Aceptación	Прийняття
Atención	Увага
Bondad	Доброта
Calma	Спокійний
Claridad	Ясність
Compasión	Співчуття
Emociones	Емоції
Gratitud	Подяка
Mental	Розумовий
Mente	Розум
Movimiento	Рух
Música	Музика
Naturaleza	Природа
Observación	Спостереження
Paz	Мир
Pensamientos	Думки
Perspectiva	Перспектива
Postura	Постава
Respiración	Дихання
Silencio	Тиша

Mitología

Міфологія

Arquetipo	Архетип
Celos	Ревнощі
Cielo	Небо
Comportamiento	Поведінка
Creación	Створення
Creencias	Переконання
Criatura	Істота
Cultura	Культура
Desastre	Лихо
Fuerza	Сила
Guerrero	Воїн
Héroe	Герой
Inmortalidad	Безсмертя
Laberinto	Лабіринт
Leyenda	Легенда
Monstruo	Монстр
Mortal	Смертний
Rayo	Блискавка
Trueno	Грім
Venganza	Помста

Música
Музика

Armonía	Гармонія
Armónico	Гармонійних
Álbum	Альбом
Balada	Балада
Cantante	Співак
Cantar	Співати
Clásico	Класичний
Coro	Хор
Grabación	Запис
Improvisar	Імпровізувати
Instrumento	Інструмент
Melodía	Мелодія
Micrófono	Мікрофон
Musical	Музичний
Músico	Музикант
Ópera	Опера
Poético	Поетичний
Ritmo	Ритм
Tempo	Темп
Vocal	Вокальний

Naturaleza
Природа

Abejas	Бджіл
Animales	Тварин
Ártico	Арктичний
Belleza	Краса
Bosque	Ліс
Desierto	Пустеля
Dinámico	Динамічний
Erosión	Ерозія
Follaje	Листя
Glaciar	Льодовик
Montañas	Гори
Niebla	Туман
Nubes	Хмари
Pacífico	Мирно
Refugio	Притулок
Río	Річка
Salvaje	Дикий
Santuario	Святилище
Sereno	Безтурботний
Tropical	Тропічний

Negocio
Бізнес

Carrera	Кар'Єр
Costo	Вартість
Descuento	Знижка
Dinero	Гроші
Economía	Економіка
Empleado	Працівник
Empleador	Роботодавець
Empresa	Компанія
Fábrica	Фабрика
Finanzas	Фінанси
Impuestos	Податки
Inversión	Інвестиції
Mercancía	Товар
Moneda	Валюта
Oficina	Офіс
Presupuesto	Бюджет
Tienda	Магазин
Trabajo	Робота
Transacción	Транзакція
Venta	Продаж

Nutrición
Харчування

Amargo	Гіркий
Apetito	Апетит
Calidad	Якість
Calorías	Калорій
Carbohidratos	Вуглеводів
Comestible	Їстівний
Dieta	Дієта
Digestión	Травлення
Equilibrado	Збалансований
Fermentación	Бродіння
Hábitos	Звички
Nutriente	Поживний
Peso	Вага
Proteínas	Білки
Sabor	Аромат
Salsa	Соус
Salud	Здоров'Я
Saludable	Здоровий
Toxina	Токсин
Vitamina	Вітамін

Números
Числа

Catorce	Чотирнадцять
Cero	Нуль
Cinco	П'Ять
Cuatro	Чотири
Decimal	Десятковий
Diecinueve	Дев'Ятнадцять
Dieciocho	Вісімнадцять
Dieciséis	Шістнадцять
Diecisiete	Сімнадцять
Diez	Десять
Doce	Дванадцять
Dos	Два
Nueve	Дев'Ять
Ocho	Вісім
Quince	П'Ятнадцять
Seis	Шість
Siete	Сім
Trece	Тринадцять
Tres	Три
Veinte	Двадцять

Océano
Океан

Alga	Водоростей
Anguila	Вугор
Arrecife	Риф
Atún	Тунець
Ballena	Кит
Barco	Човен
Camarón	Креветки
Cangrejo	Краб
Coral	Кораловий
Delfín	Дельфін
Esponja	Губка
Mareas	Припливи
Medusa	Медуза
Ostra	Устриця
Pescado	Риба
Pulpo	Восьминіг
Sal	Сіль
Tiburón	Акула
Tormenta	Буря
Tortuga	Черепаха

Paisajes
Пейзажі

Cascada	Водоспад
Cueva	Печера
Desierto	Пустеля
Estuario	Лиман
Géiser	Гейзер
Glaciar	Льодовик
Iceberg	Айсберг
Isla	Острів
Lago	Озеро
Laguna	Лагуна
Mar	Море
Montaña	Гора
Oasis	Оазис
Pantano	Болото
Península	Півострів
Playa	Пляж
Río	Річка
Tundra	Тундра
Valle	Долина
Volcán	Вулкан

Países #1
Країни #1

Alemania	Німеччина
Argentina	Аргентина
Bélgica	Бельгія
Brasil	Бразилія
Canadá	Канада
Ecuador	Еквадор
Egipto	Єгипет
España	Іспанія
Filipinas	Філіппіни
Honduras	Гондурас
India	Індія
Italia	Італія
Libia	Лівія
Malí	Малі
Marruecos	Марокко
Nicaragua	Нікарагуа
Noruega	Норвегія
Panamá	Панама
Polonia	Польща
Venezuela	Венесуела

Países #2
Країни #2

Albania	Албанія
Australia	Австралія
Austria	Австрія
Dinamarca	Данія
Etiopía	Ефіопія
Francia	Франція
Grecia	Греція
Indonesia	Індонезія
Irlanda	Ірландія
Jamaica	Ямайка
Japón	Японія
Laos	Лаос
México	Мексика
Pakistán	Пакистан
Portugal	Португалія
Rusia	Росія
Siria	Сирія
Sudán	Судан
Ucrania	Україна
Uganda	Уганда

Pájaros
Птахи

Avestruz	Страус
Águila	Орел
Cigüeña	Лелека
Cisne	Лебідка
Cuco	Зозуля
Cuervo	Ворона
Flamenco	Фламінго
Ganso	Гуска
Garza	Чапля
Gaviota	Чайка
Gorrión	Горобець
Halcón	Яструб
Huevo	Яйце
Loro	Папуга
Paloma	Голуб
Pato	Качка
Pelícano	Пелікан
Pingüino	Пінгвін
Pollo	Курка
Tucán	Тукан

Plantas
Рослини

Arbusto	Кущ
Árbol	Дерево
Bambú	Бамбук
Baya	Ягода
Bosque	Ліс
Botánica	Ботаніка
Cactus	Кактус
Fertilizante	Добриво
Flor	Квітка
Flora	Флора
Follaje	Листя
Frijol	Квасоля
Hiedra	Плющ
Hierba	Трава
Hoja	Лист
Jardín	Сад
Musgo	Мох
Pétalo	Пелюстка
Raíz	Корінь
Vegetación	Рослинність

Profesiones #1
Професії #1

Abogado	Адвокат
Astrónomo	Астроном
Atleta	Спортсмен
Bailarín	Танцюрист
Banquero	Банкір
Bombero	Пожежник
Cartógrafo	Картограф
Cazador	Мисливець
Doctor	Лікар
Editor	Редактор
Embajador	Посол
Enfermera	Медсестра
Entrenador	Тренер
Fontanero	Сантехнік
Geólogo	Геолог
Joyero	Ювелір
Músico	Музикант
Pianista	Піаніст
Psicólogo	Психолог
Veterinario	Ветеринар

Profesiones #2
Професії #2

Astronauta	Астронавт
Bibliotecario	Бібліотекар
Biólogo	Біолог
Cirujano	Хірург
Dentista	Стоматолог
Detective	Детектив
Filósofo	Філософ
Fotógrafo	Фотограф
Ilustrador	Ілюстратор
Ingeniero	Інженер
Inventor	Винахідник
Investigador	Дослідник
Jardinero	Садівник
Lingüista	Лінгвіст
Médico	Лікар
Periodista	Журналіст
Piloto	Пілот
Pintor	Художник
Profesor	Вчитель
Zoólogo	Зоолог

Psicología
Психологія

Cita	Призначення
Clínico	Клінічний
Cognición	Пізнання
Comportamiento	Поведінка
Conflicto	Конфлікт
Ego	Его
Emociones	Емоції
Evaluación	Оцінка
Ideas	Ідеї
Inconsciente	Несвідомий
Infancia	Дитинство
Pensamientos	Думки
Percepción	Сприйняття
Personalidad	Особистості
Problema	Проблема
Realidad	Реальність
Sensación	Відчуття
Subconsciente	Підсвідомості
Sueños	Мрії
Terapia	Терапія

Química
Хімія

Alcalino	Лужний
Ácido	Кислота
Calor	Тепло
Carbono	Вуглець
Catalizador	Каталізатор
Cloro	Хлор
Electrón	Електрон
Enzima	Фермент
Gas	Газ
Hidrógeno	Водень
Ion	Іон
Líquido	Рідина
Metales	Метали
Molécula	Молекула
Nuclear	Ядерний
Oxígeno	Кисень
Peso	Вага
Reacción	Реакція
Sal	Сіль
Temperatura	Температура

Restaurante #1
Ресторан #1

Alergia	Алергія
Café	Кава
Cajero	Касир
Camarera	Офіціантка
Carne	М'Ясо
Cocina	Кухня
Comida	Їжа
Cuchillo	Ніж
Ingredientes	Інгредієнти
Menú	Меню
Pan	Хліб
Picante	Гострий
Plato	Тарілка
Pollo	Курка
Postre	Десерт
Reserva	Бронювання
Salsa	Соус
Servilleta	Серветка
Tazón	Чаша

Restaurante #2
Ресторан #2

Agua	Вода
Almuerzo	Обід
Aperitivo	Закуска
Bebida	Напій
Camarero	Офіціант
Cena	Вечеря
Cuchara	Ложка
Delicioso	Смачний
Ensalada	Салат
Especias	Спеції
Fruta	Фрукт
Hielo	Лід
Huevos	Яйця
Pastel	Торт
Pescado	Риба
Sal	Сіль
Silla	Крісло
Sopa	Суп
Tenedor	Вилка
Verduras	Овочі

Ropa
Одяг

Abrigo	Пальто
Blusa	Блузка
Bufanda	Шарф
Calcetines	Шкарпетки
Camisa	Сорочка
Chaqueta	Куртка
Cinturón	Пояс
Collar	Намисто
Delantal	Фартух
Falda	Спідниця
Guantes	Рукавички
Moda	Мода
Pantalones	Штани
Pijama	Піжама
Pulsera	Браслет
Sandalias	Сандалі
Sombrero	Капелюх
Suéter	Светр
Vestido	Плаття
Zapato	Взуття

Salud y Bienestar #1

Оздоровчий та Оздоровчий

Activo	Активний
Altura	Висота
Bacterias	Бактерії
Clínica	Клініка
Doctor	Лікар
Farmacia	Аптека
Fractura	Перелом
Hambre	Голод
Hábito	Звичка
Hormonas	Гормони
Huesos	Кістки
Medicina	Медицина
Músculos	М'Язи
Piel	Шкіра
Postura	Постава
Reflejo	Рефлекс
Relajación	Розслаблення
Terapia	Терапія
Tratamiento	Лікування
Virus	Вірус

Salud y Bienestar #2

Оздоровчий та Оздоровчий

Alergia	Алергія
Anatomía	Анатомія
Apetito	Апетит
Caloría	Калорія
Dieta	Дієта
Digestión	Травлення
Energía	Енергія
Enfermedad	Хвороба
Estrés	Стрес
Genética	Генетика
Higiene	Гігієна
Hospital	Лікарня
Infección	Інфекція
Masaje	Масаж
Nutrición	Харчування
Peso	Вага
Recuperación	Відновлення
Saludable	Здоровий
Sangre	Кров
Vitamina	Вітамін

Selva Tropical

Тропічний Ліс

Anfibios	Амфібії
Botánico	Ботанічний
Clima	Клімат
Comunidad	Громада
Especie	Вид
Indígena	Корінні
Insectos	Комах
Mamíferos	Ссавці
Musgo	Мох
Naturaleza	Природа
Nubes	Хмари
Pájaros	Птах
Preservación	Збереження
Refugio	Притулок
Respeto	Повага
Restauración	Реставрація
Selva	Джунглі
Supervivencia	Виживання
Valioso	Цінний

Suministros de Arte

Художні Товари

Aceite	Олія
Acrílico	Акриловий
Acuarelas	Акварелі
Agua	Вода
Arcilla	Глина
Borrador	Гумка
Caballete	Мольберт
Cámara	Камера
Cepillos	Щітка
Colores	Кольори
Creatividad	Творчість
Ideas	Ідеї
Lápices	Олівці
Mesa	Таблиця
Papel	Папір
Pasteles	Пастелі
Pegamento	Клей
Pinturas	Фарби
Silla	Крісло
Tinta	Чорнило

Tiempo

Час

Ahora	Зараз
Antes	До
Anual	Щорічний
Año	Рік
Ayer	Вчора
Calendario	Календар
Década	Десятиліття
Día	День
Futuro	Майбутнє
Hora	Година
Hoy	Сьогодні
Mañana	Ранок
Mediodía	Полудень
Mes	Місяць
Minuto	Хвилина
Momento	Момент
Noche	Ніч
Reloj	Годинник
Semana	Тиждень
Siglo	Століття

Tipos de Cabello

Типи Волосся

Blanco	Білий
Brillante	Блискучий
Calvo	Лисий
Corto	Короткий
Delgada	Тонкий
Gris	Сірий
Grueso	Товстий
Largo	Довгий
Marrón	Коричневий
Negro	Чорний
Ondulado	Хвилястий
Plata	Срібло
Rizado	Кучерявий
Rizos	Кучер
Rubio	Блондин
Saludable	Здоровий
Seco	Сухий
Suave	М'Який
Trenzado	Плетений
Trenzas	Коси

Universo
Всесвіт

Asteroide	Астероїд
Astronomía	Астрономія
Astrónomo	Астроном
Atmósfera	Атмосфера
Celestial	Небесний
Cielo	Небо
Cósmico	Космічний
Ecuador	Екватор
Galaxia	Галактика
Hemisferio	Півкуля
Horizonte	Горизонт
Latitud	Широта
Longitud	Довгота
Luna	Місяць
Oscuridad	Темрява
Órbita	Орбіта
Solar	Сонячний
Solsticio	Сонцестояння
Telescopio	Телескоп
Visible	Видимий

Vacaciones #2
Відпустка #2

Aeropuerto	Аеропорт
Carpa	Намет
Destino	Призначення
Extranjero	Іноземець
Fotos	Фото
Hotel	Готель
Isla	Острів
Mapa	Карта
Mar	Море
Ocio	Дозвілля
Pasaporte	Паспорт
Playa	Пляж
Reservas	Бронювання
Restaurante	Ресторан
Taxi	Таксі
Transporte	Транспорт
Tren	Поїзд
Vacaciones	Свято
Viaje	Подорож
Visa	Віза

Vehículos
Автомобілі

Autobús	Автобус
Avión	Літак
Balsa	Пліт
Barco	Човен
Bicicleta	Велосипед
Camión	Вантажівка
Caravana	Караван
Coche	Автомобіль
Cohete	Ракета
Ferry	Пором
Furgoneta	Фургон
Helicóptero	Вертоліт
Lanzadera	Човник
Metro	Метро
Motor	Двигун
Neumáticos	Шини
Scooter	Скутер
Taxi	Таксі
Tractor	Трактор
Tren	Поїзд

Verduras
Овочі

Ajo	Часник
Alcachofa	Артишок
Apio	Селера
Berenjena	Баклажан
Brócoli	Броколі
Calabaza	Гарбуз
Cebolla	Цибуля
Ensalada	Салат
Espinacas	Шпинат
Guisante	Горох
Jengibre	Імбир
Nabo	Ріпа
Oliva	Оливка
Patata	Картопля
Pepino	Огірок
Perejil	Петрушка
Rábano	Редис
Seta	Гриб
Tomate	Помідор
Zanahoria	Морква

Enhorabuena

Lo has conseguido!

Esperamos que hayas disfrutado de este libro tanto como nosotros al diseñarlo. Nos esforzamos por crear libros de la máxima calidad posible.
Esta edición está diseñada para proporcionar un aprendizaje inteligente, de calidad y divertido!

¿Te ha gustado este libro?

Una Petición Sencilla

Estos libros existen gracias a las reseñas que se publican.
¿Podrías ayudarnos dejando una reseña ahora?
Aquí tienes un breve enlace a la página de reseñas

BestBooksActivity.com/Opiniones50

¡DESAFÍO FINAL!

Reto n°1

¿Estás listo para tu juego gratis? Los utilizamos siempre, pero no son tan fáciles de encontrar. ¡Aquí están los **Sinónimos**!
Escribe 5 palabras que hayas encontrado en los rompecabezas (#21, #36, #76) y trata de encontrar 2 sinónimos para cada palabra.

Escriba 5 palabras del ***Puzzle 21***

Palabras	Sinónimo 1	Sinónimo 2

Escriba 5 palabras del ***Puzzle 36***

Palabras	Sinónimo 1	Sinónimo 2

Escriba 5 palabras del ***Puzzle 76***

Palabras	Sinónimo 1	Sinónimo 2

Reto n°2

Ahora que te has calentado, escribe 5 palabras que hayas encontrado en los Puzzles 9, 17 y 25 e intenta encontrar 2 antónimos para cada palabra. ¿Cuántos puedes encontrar en 20 minutos?

Escriba 5 palabras del ***Puzzle 9***

Palabras	Antónimo 1	Antónimo 2

Escriba 5 palabras del ***Puzzle 17***

Palabras	Antónimo 1	Antónimo 2

Escriba 5 palabras del ***Puzzle 25***

Palabras	Antónimo 1	Antónimo 2

Reto n°3

¡Genial! Este desafío final 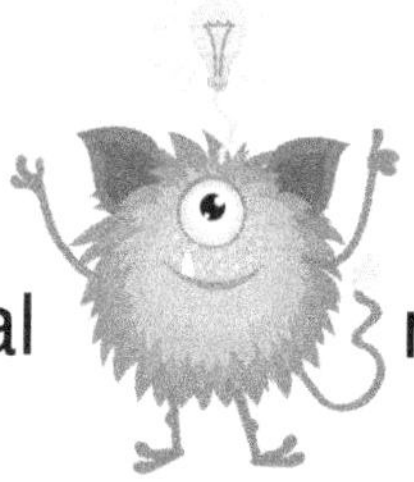 no es nada para ti.

¿Preparado para el reto final? Elige 10 palabras que hayas descubierto en los diferentes rompecabezas y escríbelas a continuación.

1.	6.
2.	7.
3.	8.
4.	9.
5.	10.

Ahora escribe un texto pensando en una persona, un animal o un lugar que te guste.

Puedes usar la última página de este libro como borrador.

Tu Composición:

CUADERNO DE NOTAS :

HASTA PRONTO !

Todo el Equipo

www.ingramcontent.com/pod-product-compliance
Lightning Source LLC
Chambersburg PA
CBHW082040120626
46553CB00011B/3238
* 9 7 9 8 8 9 6 7 0 2 1 2 2 *